人工智能實戰指南

100 個必備 AI 工具全攻略

解鎖超強技能的致勝法寶

推薦序一

《鏡頭下的 AI 革命》

第一幕：片場的意外來客

那天，我正在片場調整燈光，試圖捕捉一個完美的鏡頭。就在此時，我的好友高峰拿著一本書走進來，笑著說：「川導，這可能是你下一個靈感來源。」那本書就是《人工智能實戰指南：100 個必備 AI 工具全攻略》。我當時半信半疑 —— AI？跟我拍片有什麼關係？直到我翻開書頁，才發現這位「新演員」早已準備好改變我的劇本。

第二幕：工具箱裡的魔法

這本書不只是一堆技術名詞的堆砌，它更像是一個藏滿道具的工具箱，每個 AI 工具都是一把能解鎖創意的鑰匙。高峰挑選了超過一百多個不同領域的 AI 工具，從文字生成到影音特效，每一個都被他精挑細選並分類。我試著用書中提到的其中一款 AI 編輯工具，結果原本需要幾個星期才能完成的特效，竟然在幾分鐘內就初見雛形。這讓我驚嘆：AI 技術不再是冷冰冰的理論，而是能與我的創意共舞的夥伴。

第三幕：從技術到故事的轉場

作為導演，我最在乎的不是工具本身，而是它能為故事帶來什麼。高峰在書中不僅告訴你「怎麼用」，還點出了「為什麼用」。他經常提醒我們，AI 不是要取代創作者，而是要讓我們把更多時間花在想象力上，而不是繁瑣的重複勞動。比如，我曾為一個短片的配樂苦惱許久，書裡推薦的 AI 音樂生成工具，讓我在幾分鐘內就找到靈感。這一刻，我明白了：AI 是我的副導演，它能夠幫我把腦中的畫面變成現實。

終幕：一場未完的拍攝

本書就像一部還沒拍完的電影，它給了我開機的勇氣，但結局要由我們自己書寫。不管你是影視工作者、設計師，還是單純對未來好奇，這本書都能成為你的起點。我感謝高峰，他用這本工具書為我們搭了一個舞台，讓創意與技術在這裡相遇。

現在，輪到你了。拿起這本書，開啟屬於你自己的革命吧！

林川

第一版媒體有限公司　首席導演

推薦序二

人工智能（AI）已不再是科幻小說中的遙遠夢想，而是當今時代最具變革性的力量之一。它正在重塑我們的商業模式、生活方式乃至社會結構。多年來，我帶領團隊長期致力於資訊科技的開發與應用，深刻體會到 AI 技術的潛力與挑戰。在這個快速變化的領域中，如何掌握實用的工具、洞悉技術的應用場景，並將其轉化為實際價值，是每一位從業者與決策者必須面對的課題。

當高峰邀請我為他的新書《人工智能實戰指南：100 個必備 AI 工具全攻略》撰寫推薦序時，我毫不猶豫地答應了。因為這本書不僅是一本工具指南，更是一座橋樑，幫助讀者從理論走向實踐、從概念走向應用。高峰憑藉他深厚的專業知識與實戰經驗，精心梳理了過百個當前最具代表性和實用性的 AI 工具，並以清晰易懂的方式呈現它們的功能與應用場景。無論你是初次接觸 AI 的入門者，還是希望深化技術應用的專業人士，這本書都能為你提供寶貴的啟發與指引。

在我們集團的發展歷程中，我們見證了 AI 如何從實驗室走向市場，從單一功能演進為跨領域的解決方案。然而，技術的進步固然令人振奮，但其真正的價值在於如何被有效運用。工具本身並非目的，而是實現目標的手段。這本指南不僅羅列了工具，更教會我們如何選擇合適的 AI 解決方案，並將其融入實際工作與生活中。這一點，與我們集團「科技以人為本」的理念不謀而合。

我特別欣賞高峰在書中展現的實用主義精神。他沒有停留於空泛的理論，而是深入淺出地剖析每個工具的特性。這種務實的態度，正是當今 AI 時代所需的品質。對於企業領袖來說，這本書提供了洞察趨勢與優化決策的線索；對於技術愛好者來說，它則是一張通往 AI 世界的地圖。

人工智能的浪潮已然來襲，而能否乘風破浪，關鍵在於我們是否準備好迎接挑戰。我衷心推薦本書，因為它不僅是一本書，更是一把鑰匙，幫助我們開啟 AI 時代的無限可能。感謝高峰為我們帶來如此精彩的著作，也期待更多讀者在閱讀後，能與我們一同探索科技的未來。

莊志賢

資匯集團控股有限公司　首席技術總監

推薦序三

很榮幸受邀為《人工智能實戰指南：100個必備AI工具全攻略》撰寫推薦序。這本書不僅是一部技術寶典，更是一扇展望多元文化與經濟融合未來的窗戶。作者高峰憑藉深厚的專業底蘊與豐富的實戰經驗，帶領讀者走進人工智能的廣闊天地，探索其無窮潛力。

我與高峰相識於國際高智商協會門薩俱樂部，已有十年情誼。我們因對知識的追求和對社會進步的熱忱而結緣，並攜手創立了一個非營利組織，致力於回饋社會。這本書是高峰近年潛心研究AI的成果結晶，也體現了我們共同的理念：科技應以人為核心，服務於社會的多元與共融。

在多元文化聯動經濟協會的實踐中，我深刻感受到文化差異與經濟壁壘如何阻礙合作。而這本書介紹的AI工具，恰為這些挑戰提供了切實可行的解決方案。例如，語言翻譯技術能打破溝通障礙，數據分析工具則助力企業捕捉全球市場脈動。這些應用不僅提升效率，更拉近文化間的距離，促進經濟協作，成為連接多元社會的橋樑。正如高峰常強調的，AI的發展應注重其社會影響，尤其是在推動文化交流與經濟共榮方面的作用。我堅信，當技術進步與人文關懷同行，AI將開啟更光明的未來。

本書涵蓋眾多實用工具，展示了AI如何優化運營、整合資源，甚至助力全球公益事業。這些內容不僅為相關從業者帶來啟發，也揭示了 AI 如何成為社會進步的動力。我深信，隨著 AI 技術的普及，它將在促進多元文化對話與社會和諧中扮演關鍵角色。

這是一本值得每一位關心 AI 與社會發展的人士細讀的好書。我誠摯推薦此書，相信它將成為你在 AI 時代開拓創新、實現社會價值的良伴。期待更多讀者從中汲取靈感，與我們攜手共創一個更多元、更包容的明天。

梁焯耀

多元文化聯動經濟協會　聯合創辦人

推薦序四

記得有一次在課堂上，一群小學生圍坐在桌前，瞪大眼睛看著螢幕上由 AI 工具生成的畫作。那一刻，他們不僅是學習者，更是創作者。他們用簡單的指令，讓機器人畫出五彩斑斕的夢想世界，笑聲和驚嘆聲此起彼伏。這一幕，讓我深刻感受到科技如何為教育注入樂趣與想像力。而高峰的《人工智能實戰指南：100 個必備 AI 工具全攻略》，正是點燃這場教育火花的關鍵。

這本書不只是一份工具清單，更像是一座橋樑，連接理論與實踐。高峰精心挑選了差不多一百多個 AI 工具，並以清晰易懂的方式解説它們的功能與應用場景。對我來説，這不僅是一本技術指南，更是一本教育與創意的啟示錄。我們公司的課程設計理念 —— 先讓參與者學習理論，再透過體驗活動掌握重點並享受過程 —— 在這本書中得到了完美的呼應。書中的工具，讓教育工作者能輕鬆將 AI 融入課堂，讓學習不再枯燥，而是充滿樂趣的探索之旅。

作為學界培訓課程的老手，我見證了 AI 工具如何為不同年齡層的學習者帶來改變。對學生來説，AI 是遊戲化的學習夥伴，讓他們在玩樂中理解抽象概念；對年輕人，它是創意的放大器，幫助他們將想法轉化為現實；對成年人或老師，它則是職場技能的加速器，提升效率與創新能力。在我們的體驗式學習活動中，這些工具讓參與者更快掌握知識，並在過程中感受到成就與快樂。高峰的這本書，將這樣的可能性系統化地呈現出來，為教育工作者和學習者提供了一份實用的路線圖。

我和高峰合作開發人工智能應用培訓課程已有兩年多，這本書正是我們共同理念的結晶。我們希望用科技打破教育的藩籬，讓學習變得更互動、更具吸引力。在課程開發中，我常被高峰對 AI 的熱情與洞見所啟發。他在書中展現的，不只是工具的使用方法，更是它們如何成為教育與創意的催化劑。

這是一本值得你翻開的書。它不僅告訴你 AI 能做什麼，還鼓勵你在教育與生活中親手體驗它的魔力。無論你是老師、學生還是職場人士，這本書都能成為你手中的火種，點燃學習的樂趣與創意的無限可能。

陳嘉輝

創藝飛凡有限公司　創辦人

人工智能應用培訓課程　導師

推薦序五

我們公司專營涼果的生產、批發與銷售，數十年來在這一傳統行業中深耕，見證了市場的變化和技術的進步。然而，近年來人工智能（AI）的崛起，讓我重新審視企業經營的無限可能。當我的摯友高峰邀請我為他的新書撰寫推薦序時，我欣然應允，因為這本書不僅是一本技術指南，更是一座連接傳統與未來的橋樑。

我和高峰相識並深交已超過十年。在這段歲月中，我深刻感受到他對科技的熱情與對創新的執著。作為一位人工智能應用領域的專家，高峰將他的專業知識與實踐經驗濃縮於這本書中，展現了他對技術應用的獨到見解。這份推薦序不僅是對書的肯定，更是對我們多年友誼的見證。

在傳統涼果製造與銷售的領域，我們時常面臨挑戰：如何優化供應鏈？如何提升生產效率？如何精準預測市場需求？高峰的這本新書為我開啟了一扇窗，讓我看到 AI 如何成為傳統行業的轉型利器。書中介紹的多個 AI 工具，涵蓋數據分析、辦公室應用到客戶服務等諸多方面，每個工具都配有功能特性說明。對我而言，這不僅是技術的展示，更是業務創新的啟發。

高峰以他一貫務實的風格，將這本書打造得極具實用性。例如，書中提到的 AI 工具能分析消費者偏好並預測市場趨勢，這對我們開發新口味涼果或制定營銷策略大有裨益。這些工具的彙整與分享，讓我深刻體會到，AI 並非遙不可及，而是可以立即應用於日常經營的工具。

《人工智能實戰指南：100 個必備 AI 工具全攻略》是一本值得每位企業家閱讀的佳作。它為我們揭開了 AI 的神秘面紗，並提供了清晰的實踐路徑。我誠摯推薦這本書，相信它將成為你在 AI 時代探索創新、實現突破的得力助手。感謝高峰的無私分享，也期待更多人從中受益，共同迎接未來的機遇與挑戰。

楊文聰

華泰興食品製造廠有限公司　董事總經理

香港新界北區廠商會　副會長

香港工商總會北區分會　副主席

推薦序六

自從人工智能（AI）技術開始快速發展以來，AI 工具包成為了現代世界中不可或缺的一部分。本書旨在向讀者介紹各種 AI 工具包的應用和功能，幫助他們更深入地了解這一領域的重要性和潛力。通過學習本書中所提供的知識和技巧，讀者將能夠掌握各種強大的 AI 工具，並將其應用於不同領域，從而實現創新和解決複雜的問題。希望本書能夠成為您探索人工智能世界的有力引導，啟發您在這個充滿潛力的領域中取得成功。

曾健文
課程總監（設計了 30 多個與金融科技（FinTech）相關的課程）
特許金融分析師（CFA）
金融風險管理師（FRM）
特許另類投資分析師（CAIA）
管理會計師（CMA）
財務管理師（CFM）
壽險管理學會院士（FLMI）

關於本書

ChatGPT 在 2022 年 11 月的驚豔亮相，標誌著人工智能技術進入了一個新的時代，其自然流暢的對話和精準的文本生成能力，令世人驚歎！更令人矚目的是，人工智能技術在短短兩年內便滲透到各行各業，徹底改變了市場的商業模式。從生成式文字的深度推理、到圖像及視頻生成技術的成熟應用，人工智能技術正以前所未有的速度重塑各行業的邊界、人力資源配置的規則和價值創造的方式。本書因此應運而生，這不僅是一本 AI 工具手冊，更是一部解讀 AI 變革、並幫助各位讀者制定應對策略的人工智能戰略指南，引領你在 AI 時代乘勢而上！

深入本書的三大核心價值：

- **【平台工具全攻略】**深度搜尋國內外主流 AI 平台，介紹其功能特性及應用場景。
- **【AI 工具分類】**彙整超過 100 個 AI 工具，涵蓋文創、繪圖、影音等十多個領域。
- **【精選工具推薦】**從多方面專業角度綜合評估，為讀者精選推薦最實用的 AI 工具。

前言

當 AI 成為效率革命的鑰匙

在數位文明的浪潮中，我始終相信：真正的技術力量，在於讓複雜變得簡單，讓未來觸手可及。作為一名深耕前沿科技領域十餘年的從業者及培訓師，我曾目睹無數企業因技術鴻溝舉步維艱，也見證過創新者憑藉前沿工具實現指數級突破。這讓我意識到，我們正站在一個臨界點 —— 不是 AI 取代人類，而是掌握 AI 的人將重新定義效率的邊界！

本書正是這場變革的導航圖。它不僅是工具清單，更是一套思維體系：

- **從認知革命開始**：覆蓋文字、影音、辦公室等多領域的 AI 應用場景。
- **預見未來**：基於 AI 技術趨勢的案例分享與實戰方法論。

在創作過程中，我刻意打破傳統工具書的窠臼（陳舊的手法）：

- 每個工具都配有基本簡介及功能特性說明，讓讀者 30 秒內完成工具初篩。
- 特別增設綜合評估後的推薦指數，通過推薦評級直觀呈現。
- 提供基本提示詞結構設計與模板，讓讀者可以即時得心應手地使用這些 AI 工具。

這不是一本追求「全面」的 AI 百科全書，而是聚焦「效率革命」的 AI 工具指南。無論你是企業決策者、創業者，還是渴望突破瓶頸的職場人，書中所推薦的過百個 AI 工具與解決方案，都將成為你撬動未來的支點。

站在新世紀的當下，我們已能清晰看見：那些善於與 AI 共舞的人和公司，正在創造超越時代的競爭力。希望這本書不僅能幫你抓住技術紅利，更能點燃你對未來的想像力 —— 畢竟，所有改變世界的創新，都始於對可能性的勇敢探索。

目錄

Chapter 05 圖片 GenImage

Chapter 06　商品圖片

Chapter 07　音頻 GenAudio

Chapter 08　音樂 GenMusic

Chapter 09 影片 GenVideo

Chapter 12　簡報 PPT

Chapter13　提示詞結構與模板

Chapter 14　AI 在教育市場的應用場景

1 Chapter AI 工具目錄

連接使用者與人工智能的橋樑

人工智能（AI）工具蓬勃發展，各式各樣的應用程式如雨後春筍般湧現，為使用者帶來便利與創新，但也同時帶來尋找合適工具的困擾。AI 工具目錄應運而生，作為一個整合性的數位平台，它扮演著連結使用者與 AI 工具的重要橋樑。

一個完善的 AI 工具目錄，不只是單純的工具清單，更是一個精心設計的資訊樞紐，透過精準的分類、詳盡的工具描述、客觀的評測機制，以及便捷的搜尋篩選功能，協助使用者快速找到符合自身需求的 AI 工具。理想的 AI 工具目錄會根據工具的功能（例如：圖文處理、影音生成、模型訓練等）進行多層次的分類，並提供每個工具的詳細資訊，包含其應用場景、使用方法、優缺點、價格、相容性等等。

此外，使用者評分、專業評論、以及社群互動功能的加入，更能提升資訊的可信度與透明度，讓使用者在選擇工具時更有依據。更進一步，一個優秀的 AI 工具目錄會持續更新，追蹤最新的 AI 技術發展趨勢，並定期檢視和更新工具資訊，確保目錄內容的準確性和及時性，成為使用者探索 AI 世界的可靠指南。

AI 工具目錄的價值不僅在於彙整工具，更在於提供使用者一個有效率、可靠且易於使用的平台，協助他們在 AI 領域中找到最適合自己的解決方案。

AI工具集

https://ai-bot.cn

推薦指數：★★★★★★（作者 6 星推薦！）

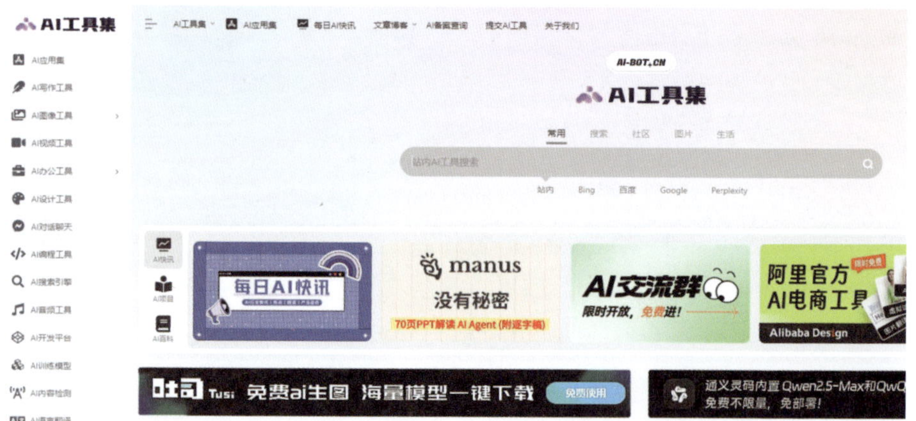

AI 工具集是一個一站式人工智能工具導航平台，匯集海內外熱門、創意、有趣且前沿的 AI 工具與網站。平台旨在為使用者提供便捷入口，輕鬆探索人工智能的無限潛力，並將 AI 的強大功能應用於學習、生活和工作之中。

AI 工具集致力於打造一個全面且易用的 AI 工具資源中心，提供以下服務：

- **豐富多元的 AI 工具資源庫**：
  平台收錄數百種涵蓋 AI 寫作、圖像生成、影片轉換、音訊處理、程式開發及創意設計等領域的 AI 工具。無論使用者需要提升工作效率、激發創意，或是尋求解決特定問題的方案，都能在 AI 工具集找到所需資源。平台更持續更新，確保使用者掌握最新科技動態。
- **淺顯易懂的 AI 學習資源**：
  為協助 AI 初學者快速入門，平台提供一系列簡潔易懂的教學、指南及百科全書式內容。即使毫無 AI 基礎，使用者也能透過平台資源，循序漸進地了解人工智能的核心概念與技能，逐步探索 AI 的奧妙。
- **即時更新的 AI 行業新聞**：
  AI 工具集提供每日更新的 AI 最新快訊，讓使用者隨時掌握人工智能領域的最新趨勢、突破性進展及重要資訊，緊跟 AI 發展脈搏。

推薦功能：

- **AI 工具集**：
  提供超過 1000+ 的 AI 工具導航大全，涵蓋各類型工具，包括 AI 寫作、圖像生成、程式開發等，方便用戶快速找到所需工具。
- **每日 AI 快訊**：
  定期更新人工智能領域的最新動態和行業新聞，讓用戶掌握科技前沿資訊，適合對 AI 趨勢感興趣的人士。
- **文章博客**：
  提供專業的 AI 相關文章，包括技術指南、工具介紹和使用教程，幫助初學者和專業人士深入了解人工智能。
- **提交 AI 工具**：
  鼓勵用戶分享和推薦新的 AI 工具，打造更全面的資源平台，促進社群互動。

https://easywithai.com

推薦指數：★★★☆☆

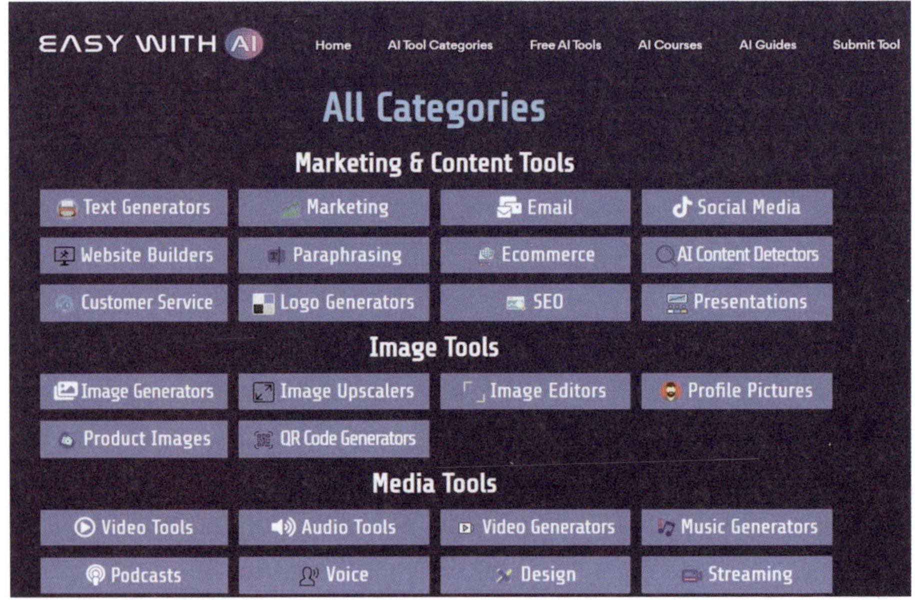

在瞬息萬變的科技浪潮中，人工智能的應用日益普及，然而，琳瑯滿目的 AI 工具也讓使用者難以抉擇。Easy With AI 的誕生，正是為了解決這個問題。作為網路領先的 AI 工具目錄之一，Easy With AI 秉持著簡潔明瞭的目標：讓 AI 技術惠及每一個人。

網站收錄了超過五十個類別

的 AI 工具，範圍涵蓋了 AI 撰稿、圖文生成、語音轉文字、SEO 自動化等眾多領域，從 AI 新手到資深專家都能在這裡找到所需的資源。無論是需要提升工作效率的企業，還是尋求創新解決方案的個人，Easy With AI 都能提供一站式的搜尋平台，讓使用者輕鬆發現最新的 AI 工具、服務和相關資源。

Easy With AI 並非僅僅是一個工具清單，更是一個經過精心策劃的資訊庫。網站團隊嚴格篩選每個列出的工具，確保其功能完善且易於操作，力求讓使用者獲得最佳的使用體驗。在這個每天都有新工具湧現的時代，Easy With AI 扮演著重要的導航角色，協助使用者避開資訊洪流的干擾，快速找到符合需求的 AI 解決方案，省去在無盡的搜尋結果中大海撈針的時間。Easy With AI 深信，AI 的力量應為所有人所共享，而他們的使命，就是讓這份力量觸手可及。

推薦功能及應用場景：

- **AI 工具搜尋：**
  使用者可以透過關鍵詞快速找到所需的 AI 工具。
- **AI 工具分類：**
  將 AI 工具按照多種類別進行分類，例如 AI 文案寫作、圖片生成、SEO 自動化工具等。
- **AI 指南：**
  提供各種 AI 工具的使用指南和教程，幫助使用者學習新技術。
- **AI 教育資源：**
  提供 AI 相關的教育資源和線上課程，適合不同層次的學習者。
- **提交 AI 工具：**
  開發者可以提交自己的 AI 工具到此平台，以增加曝光度。

https://www.yeschat.ai

推薦指數：★★☆☆☆

All-in-One Platform with Advanced Models AI

YesChat AI leverages cutting-edge AI models like DeepSeek-R1, GPT-o1, GPT-4o, Claude3.5 Sonnet, and Claude3 Opus to power AI chat, music, video, and image generation. Get fast, smart solutions—all in one platform.

Get Started →

YesChat.ai 是一站式 AI 解決方案，一個功能強大、用途廣泛的 AI 平台，為各行各業的用戶提供全方位的 AI 解決方案。無論你是需要文字生成、圖像創作、音樂製作、還是影片編輯，YesChat.ai 都能滿足你的需求，讓你輕鬆駕馭 AI 的力量。

YesChat.ai 的核心優勢在於其整合了多種領先的 AI 模型，包括 DeepSeek、GPT-4o、Claude 等。這些模型各有所長，共同構成了 YesChat.ai 強大的 AI 能力。

推薦功能：

- **AI 聊天：**
YesChat.ai 提供由 DeepSeek、ChatGPT、Grok 和 Claude 等 AI 驅動的聊天功能，能夠快速、準確地回答問題、生成內容，甚至協助編碼。
- **AI 音樂生成器：**
無論你是音樂愛好者還是專業音樂人，YesChat.ai 的 AI 音樂生成器都能幫助你創作獨特且免版稅的音樂。只需提供歌曲描述、歌詞、音樂風格和標題，AI 就能生成人聲或樂器曲目，讓你輕鬆打造完美的音樂作品。
- **AI 影片生成器：**
將文字或圖像轉換為高品質影片，只需幾分鐘即可完成。YesChat.ai 的 AI 影片生成器非常適合內容創作者和行銷人員，讓他們無需昂貴的軟體或設備，也能製作出專業級的影片。
- **AI 圖像生成器：**
透過文字提示，在幾秒鐘內生成高品質的圖像。無論是插圖、標誌還是逼真的照片，YesChat.ai 都能輕鬆實現，非常適合用於製作行銷素材、社群媒體內容和創意設計。
- **AI 工具搜尋：**
YesChat.ai 能夠提供快速、準確的 AI 工具搜尋功能，通過關鍵詞快速找到所需的 AI 工具。
- **提交 AI 工具：**
用戶可以上架你的 AI 工具，每月觸及數以百萬的訪客，輕鬆獲得大量曝光，提升能見度，並快速擴展你的 AI 使用者群體。

LABS.GOOGLE

https://labs.google

推薦指數：★★★☆☆

Google Labs

The home for AI experiments at Google

FEATURING

Data Science Agent in Colab

An autonomous code agent to perform any data analysis task in Google Colab.

Try It now

Google Labs 是 Google 推出的實驗性平台，用於展示和測試其最新的技術、產品和功能。使用者可以搶先體驗 Google 的創新項目，並提供回饋，協助改進這些項目。Google Labs 的主要特色在於提供各種前沿技術和工具的早期實驗版本，涵蓋人工智能、機器學習、增強現實等領域。使用者可以與開發團隊互動，分享使用體驗和建議，協助 Google 優化產品。

Google Labs 平台提供種類繁多的實驗性項目，涵蓋新的搜尋功能、生產力工具和娛樂應用程式等。該平台鼓勵使用者積極探索和測試新功能，發掘其潛在用途，並參與技術發展的早期階段。除了人工智能相關項目外，Google Labs 也在平台上運營其他實驗室，例如 Search Labs 和 DeepMind 等。使用者可直接造訪 Google Labs 官方網站，瀏覽現有項目，選擇感興趣的工具體驗其功能，並提供寶貴的回饋意見。然而，需注意的是，這些實驗性項目可能不穩定，其功能也可能隨時調整或移除。使用者在使用前，務必仔細閱讀相關政策，了解各工具的使用方式。Google Labs 為使用者提供了一個前沿的實驗空間，讓他們可以提前體驗 Google 的創新技術，並透過回饋協助這些項目變得更加完善。這些實驗不僅推動了技術的進步，也讓使用者能參與技術發展的早期階段。

推薦功能：

- **Whisk：**

  一個使用圖像作為輸入的 AI 生成工具，允許使用者通過拖拽圖像來生成新的圖像。無需長文本提示，支援快速生成和編輯。適合創意設計師和愛好者，用於快速探索和生成新圖像。

- **ImageFX：**
一個基於文本提示的 AI 圖像生成工具，允許使用者快速調整生成圖像的細節。適合初學者和愛好者，用於探索 AI 圖像生成的可能性。

- **GenType：**
一個使用 AI 生成自訂字母表的工具，允許使用者使用各種物體或元素創建獨特的字母。提供多樣化的預設和自訂選項，易於使用。適合設計師和藝術家，用於創造獨特的視覺風格。

- **Food Mood：**
一個 AI 驅動的融合食譜生成器，結合不同菜系的元素。提供創意的食譜組合，使用者可以自訂菜系和食材。適合尋求新鮮食譜創意的廚師和美食愛好者。

- **Say What You See：**
一個旨在提高使用者的圖像閱讀和 AI 提示編寫能力的遊戲。通過遊戲形式提高使用者對圖像的描述能力，進而改善 AI 提示的品質。適合希望提高圖像理解和 AI 交互能力的用戶。

* 香港地區的使用者目前需要使用 VPN 才能順利訪問 Google Labs。

2 Chapter 機器人應用商店

推動 AI 技術普及與發展

開啟 AI 體驗新旅程在數位化浪潮中，AI 機器人應用商店脫穎而出，成為連接用戶與前沿 AI 技術的重要橋樑。它是一個線上平台，打破了技術壁壘，讓用戶輕鬆接觸並與各類人工智能聊天機器人互動。AI 機器人應用商店的核心魅力在於豐富多樣的 AI 模型。這裏彙聚了來自不同開發者的成果，涵蓋問答、創作、代碼生成等多元功能。無論是文案撰寫需求的創作者，還是被編程難題困擾的開發者，都能找到契合自身需求的 AI 機器人。這種豐富性使用戶得以對比不同風格和能力的 AI 機器人，深入探索其優缺點，成為學習 AI 技術的獨特窗口。其簡潔易用的介面是一大亮點。無需複雜的設置或編程基礎，用戶就能即刻開啟與 AI 模型的對話。操作門檻的降低，讓 AI 技術走出專業領域，走進大眾生活，真正做到普惠大眾。 持續更新的機器人庫則是商店保持活力的秘訣。平台不斷引入新的 AI 模型，為用戶帶來最新的 AI 技術體驗。這一機制激勵著開發者積極創新，將前沿成果分享給大眾，形成了良性迴圈，不斷提升平台的吸引力，讓用戶對 AI 技術始終充滿熱情。成功的 AI 機器人應用商店，把複雜的 AI 技術轉化為簡單易懂的交互體驗。它不僅是高效實用的工具，更是推動 AI 技術普及和發展的關鍵力量。在未來，AI 機器人應用商店有望在 AI 領域發揮更為重要的作用，引領更多人走進 AI 的奇妙世界，創造無限可能。

https://www.coze.com

推薦指數：★★★☆☆

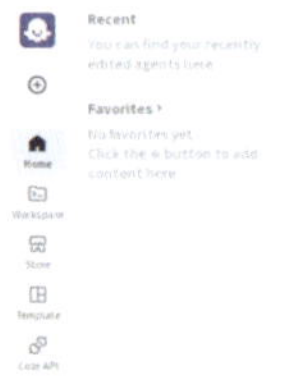

Coze 是一個 AI 應用程式開發平台，適合所有技能水平的使用者。無論你是初學者還是有程式設計經驗，Coze 都能讓你以安全、可靠和負責任的方式開發和部署生成式 AI 應用程式。

Coze 提供視覺化設計和協作工具，讓你可以使用大型語言模型（LLM）的功能，以無程式碼或低程式碼的方式快速建構各種 AI 專案，這些專案可以根據你的需求進行客製化，並實現商業價值。

推薦功能：

- **AI Agent（代理）創建：**
  Coze 的目標使用者為機器人開發人員，其代理功能讓你能夠輕鬆設計對話式 AI 專案。你可以輕鬆建立智能客服機器人、虛擬助手、個人助理或語言學習工具等。
- **知識訓練：**
  利用 Coze，你可以使用自己的數據訓練你的 AI 機器人，從而提供更準確和相關的回應。這對於需要特定領域知識的應用程式非常有用。你還可以使用平台提供的知識庫功能上傳和管理數據。
- **工作流程執行：**
  Coze 的工作流程功能讓你能夠定義複雜的業務邏輯，並將其整合到你的 AI 機器人中。平台簡化了將 LLM 和外掛程式整合到機器人中的流程，讓你的機器人可以執行特定業務流程並產生回應。這使得你的機器人能夠執行更複雜的任務，而不僅僅是回答問題。你可以透過平台直觀的介面設計和協調工作流程。
- **API 整合：**
  Coze 允許 API/SDK 整合到 AI 應用程式和機器人中，從而擴展它們的功能。

https://poe.com

推薦指數：★★★★★★（作者 6 星推薦！）

Poe 為使用者提供了一個跨設備、統一介面的訪問管道，使你能夠輕鬆接觸到來自眾多不同公司的頂尖 AI 技術。

Poe 集成了包括 ChatGPT、Claude、DeepSeek 在內的眾多頂級 AI 模型，以及眾多圖像、視頻和音訊生成模型。這意味著，無論你需要哪種類型的 AI 服務，都能在 Poe 上找到滿足需求的解決方案。除了專業的 AI 模型外，Poe 還彙集了數百萬用戶創建的機器人（Bots）。這些 bots 各具特色，能夠滿足用戶多樣化的需求，從娛樂到實用工具，應有盡有。

Poe 的設計考慮到了用戶的便捷性，它支援在所有設備上的訪問，無論是電腦、平板還是手機，都能享受到一致且流暢的用戶體驗。通過 Poe，用戶無需在多個平台之間切換，即可享受到一站式的 AI 服務。無論是進行文本創作、圖像生成，還是尋求特定領域的專業建議，Poe 都能提供一個集中、高效且用戶友好的解決方案。

總括而言，Poe 是一個集成了眾多頂尖 AI 模型和數百萬使用者創建 bots 的綜合性平台。它以其強大的功能、便捷的使用體驗和廣泛的設備相容性，為使用者提供了一個前所未有的 AI 服務體驗。無論你是 AI 技術的專業人士，還是對 AI 充滿好奇心的普通用戶，都能在 Poe 上找到屬於自己的樂趣和價值。

推薦功能：

- **大部分功能免費使用：**
  Poe 提供大部分功能的免費使用，讓使用者可以輕鬆體驗各種 AI 模型和功能。
- **跨裝置同步聊天記錄：**
  你的聊天記錄可以在所有裝置上同步，方便你在不同裝置間無縫切換。
- **創建機器人：**
  你可以根據自己的需求和喜好，建立屬於自己的 AI 機器人。例如企業可以使用 Poe 建立客服機器人，提供即時的客戶支援。
- **多樣化的聊天機器人選擇：**
  Poe 提供多樣化的聊天機器人選擇，涵蓋各種領域和功能，滿足不同使用者的需求。
- **使用者友善的介面：**
  Poe 的介面設計簡潔直觀，易於上手，即使是 AI 新手也能輕鬆使用。

3

Chapter
文本 GenText

提升效率，展現創造力

生成式文字 AI（GenText）借助自然語言處理（NLP）和機器學習演算法，創造擬人化文字內容，功能遠超傳統文字處理軟件。它能理解並生成自然語言，依靠深度學習模型從海量數據中學習語言規律，生成邏輯通順、風格統一的內容，甚至展現出創造力。在內容創作上，GenText 優勢顯著。媒體、行銷和內容創作平台等，以往內容產出依賴大量人力，成本高、週期長。現在，用戶提供主題、關鍵字或大綱，它就能自動生成文章、廣告文案、詩歌等多種文本，極大提升效率，降低成本。對話互動領域，GenText 也潛力巨大。智能客服系統和聊天機器人應用它後，能通過學習對話數據理解用戶意圖，用自然語言回應問題、閒聊，改善用戶體驗，改變人機互動方式。面對海量文字內容，它還能自動生成簡潔摘要，幫助用戶快速獲取核心資訊。

不過，GenText 發展也面臨挑戰。像如何避免生成有偏見、不準確的內容，保障內容原創性與版權，以及有效監管規範應用等問題，都有待解決。但它發展前景依舊廣闊，隨著技術進步，有望為各行業帶來更多創新，深度影響人們的生活和工作，創造更大價值。

copy.ai

https://app.copy.ai

推薦指數：★★☆☆☆

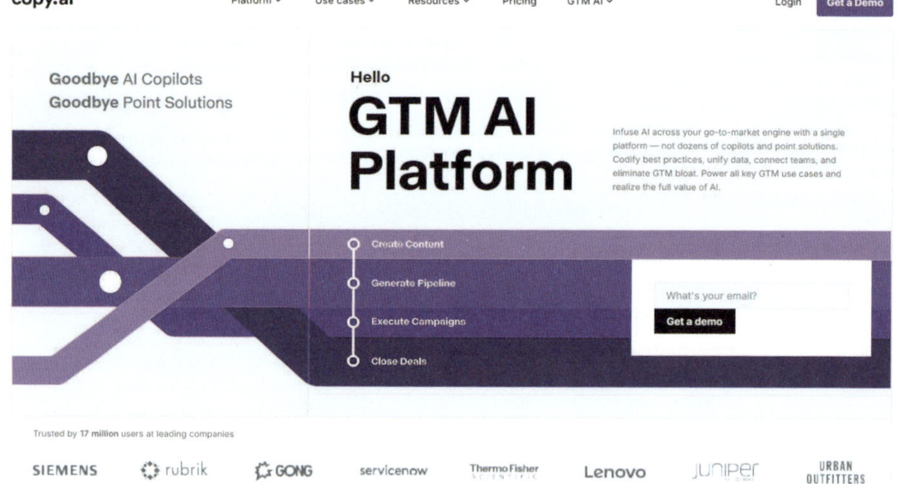

Copy.ai 是一款以人工智能為基礎的文案寫作工具，尤其適合行銷人員、作家和企業等用戶。它能夠快速生成多種類型的內容，包括部落格文章、社交媒體文案、產品描述和廣告文案等。

Copy.ai 的 GTM AI 平台旨在優化企業的市場策略，通過簡化複雜的工作流程、統一數據，並在整個收入生命周期中提升效能。該平台利用多個語言模型，提供卓越的效率和洞察力，讓你能夠在短時間內高效地完成內容創作和市場推廣任務。無論是個別創作者還是大型企業，Copy.ai 都是一個非常有價值的工具，能夠幫助你在市場競爭中取得優勢。

推薦功能：

- **提示詞庫：**
  這個功能提供了大量的預設提示詞，能夠幫助你快速啟動寫作，無論是部落格文章、電子郵件還是社交媒體內容，都能輕鬆找到合適的起點。
- **品牌語態：**
  這個功能讓你能夠將品牌的獨特語調和風格注入到生成的內容中，確保所有內容都與你的品牌形象一致。
- **行銷工作流程庫：**
  Copy.ai 提供了多種預設的工作流程模板，能夠幫助你自動化行銷過程，從潛在客戶開發到銷售管理，讓你能夠專注於策略層面的工作。

https://chat.deepseek.com

推薦指數：★★★☆☆

DeepSeek 推出了一款名為 R1 的新型中文 AI 模型，在科技界引起了轟動。R1 以其驚人的效率和強大的功能著稱，被譽為人工智能領域的「史普尼克時刻」（AI's Sputnik moment）。

儘管 DeepSeek R1 的成本遠低於其他知名的 AI 模型（例如 OpenAI 的 GPT-4、Meta 的 Llama 和 Google 的 Gemini），但其效能卻能與

這些競爭對手相媲美。這使得DeepSeek 成為一個極具吸引力的選擇，尤其對於那些尋求經濟實惠且功能強大的人工智能解決方案的用戶來說。

然而，由於 DeepSeek 的火爆人氣，加上團隊將主要算力用於維持 B2B 市場的 API 服務，導致伺服器經常繁忙而無法正常運作。因此，建議用戶可以考慮使用其他接口，如騰訊元寶或百度 AI 搜等，以避免伺服器失效的問題。這些替代方案可以提供更穩定的服務體驗，幫助用戶順暢地完成各種 AI 相關任務。

近期，香港支付寶的手機應用程式也支援 DeepSeek 聊天機器人，效能和體驗感也非常不錯，可以考慮用此接口使用DeepSeek。

推薦功能：

- **深度思考：**
  此功能具備更深層次的推理和分析能力，能夠處理更複雜的問題，提供更精確的答案。
- **網頁搜尋：**
  DeepSeek 可以直接連接到網際網路進行搜尋，獲取最新的資訊，並將其整合到回答中，確保獲得的資訊是最新的且相關的。
- **圖文上傳：**
  你可以上傳文件或圖片，DeepSeek 能夠提取其中的文字內容，方便你進行摘要、翻譯或其他文字處理任務。
- **多平台使用：**
  使用者可以透過瀏覽器訪問 DeepSeek Chat，也可以在手機端透過應用程式商店下載手機應用程式使用。

NotebookLM

https://notebooklm.google.com

推薦指數：★★★★★★（作者 6 星推薦！）

Think ,
Not Harder

The ultimate tool for understanding the information that matters most to you, built with Gemini 2.0

Try NotebookLM

NotebookLM 是一款由 Google Labs 開發的 AI 撰寫助理，核心以 Gemini 2.0 多模態 AI 模型為基礎。這項工具能夠協助你快速掌握重要資訊，並以來源為依據的聊天機器人，讓你能夠上傳文件後，獲得詳細的問題答案或深入分析資訊。它不僅能將複雜內容轉換成易於理解的格式，如常見問題或簡報文件，還能分享深入分析資料。你可以在筆記本中加入重要資源，並與機構共用，建立群組知識庫。無論是學術研究、企業報告或創意發想，NotebookLM 都能成為你的個人化 AI 研究助理，幫助你更快、更深入地學習和工作。

如何使用 NotebookLM：

- **深入學習：**
  上傳課堂錄音、教科書章節和研究論文。要求 NotebookLM 以簡單的方式解釋複雜概念，提供現實世界的例子，並加強你的理解。這樣你能夠更快、更深入地學習。
- **組織思考：**
  上傳來源資料，讓 NotebookLM 創建一個精緻的簡報大綱，包括關鍵要點和支持證據。這樣你就能自信地進行簡報。
- **激發新想法：**
  上傳腦力激盪筆記、市場研究和競爭對手研究。要求 NotebookLM 識別趨勢，生成新產品想法，並揭示隱藏的機會。這樣你就能解鎖你的創造潛力。

推薦功能：

- **文件摘要與分析：**
  上傳 PDF、網站、YouTube 影片、音訊檔案、Google 文件或簡報 PPT，NotebookLM 會根據內容生成摘要並建立關聯。
- **即時洞察：**
  提供清晰的引用來源，讓你對每個回應都有信心。
- **音訊概覽：**
  將研究資料轉換成 Podcast 形式的音訊檔案，讓你隨時隨地學習。
- **協作與分享：**
  建立專屬的筆記本，整理和共用研究資料。

案例分享

* 香港地區的使用者目前需要使用 VPN 才能順利訪問 NotebookLM。

https://app.scholarai.io

推薦指數：★★★★☆

Your AI-Powered Research Assistant

Find, analyze, and organize academic papers with ease. Streamline your research, boost productivity, and gain insights faster with ScholarAI.

Sign Up Now

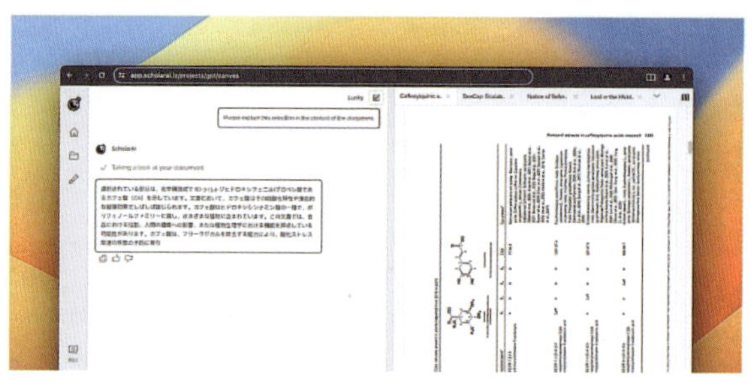

ScholarAI，一個快速且輕鬆地探索可靠研究的平台。厭倦了在海量的學術文獻中迷失方向？ScholarAI 為你提供了一個便捷的解決方案，讓你能夠快速且輕鬆地發現可靠的研究。ScholarAI 提供即時存取超過 2 億篇論文與專利，從全球資料庫中快速發現並檢索經過同行評審的論文和專利。其 AI 驅動的搜尋與摘要利用人工智能的力量，更有效率地找到你需要的資訊。

推薦功能：

- **期刊上傳：**
  將期刊上傳至 ScholarAI，讓 AI 協助你分析、整理，並提取關鍵資訊。創建客製化的學習材料和互動筆記，讓學習更有效率。
- **期刊搜尋：**
  透過 AI 驅動的搜尋引擎，快速找到你需要的期刊文章，並根據你的研究興趣，提供個人化的推薦。
- **聊天助理：**
  透過與 AI 聊天助理互動，你可以更深入地探索研究主題、快速獲得解答，並克服語言障礙。ScholarAI 的自動化寫作和文獻引用管理，簡化研究任務。
- **圖像及圖表解釋：**
  ScholarAI 能夠協助你解釋圖像和圖表，幫助你快速理解複雜的研究數據，節省時間和精力。
- **分析 PDF 文件：**
  即使是數位掃描或 LLM 無法讀取的格式：無論 PDF 文件的格式如何，ScholarAI 都能夠進行分析，提取關鍵資訊，確保你不會因為格式問題而錯失重要研究內容。
- **文獻綜述：**
  快速找到相關的論文，並自動總結該領域的研究現況，讓你對研究領域有更全面的了解，為你的研究奠定堅實的基礎。
- **探索文獻地圖：**
  理解論文之間的關聯性，發現隱藏的研究脈絡，從不同的角度看待你的研究主題，激發新的想法。
- **批量分析論文：**
  同時分析多篇論文，快速比較不同研究的結果和方法，提高你的研究效率。

https://ying.baichuan-ai.com

推薦指數：★★★☆☆

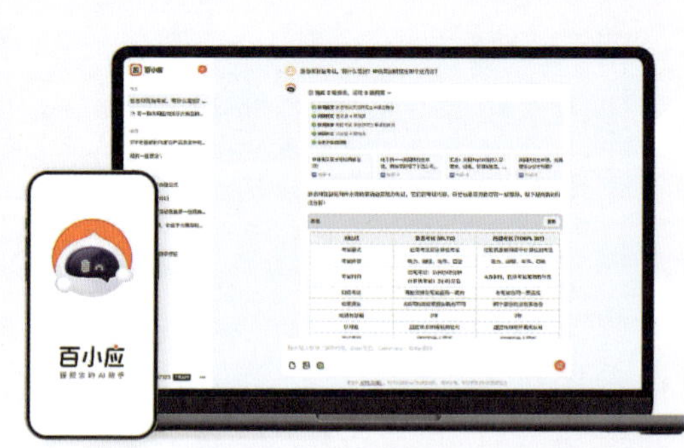

百小應懂搜索的 AI 助手，讀論文、讀財報，輕鬆無憂！寫代碼，寫文案，樣樣精通！能識圖，可語音，簡單易用！百小應支援網頁版本及手機應用程式，但香港地區的使用者目前需要使用內地手機號碼才能順利註冊登陸。

應用場景：

- **學習研究：**
  查找學術資料、閱讀論文、翻譯答疑、解答學科問題、輔助論文寫作等。
- **工作辦公：**
  提供行業資訊、輔助報告撰寫、文檔快速閱讀總結等。
- **日常生活：**
  解答日常疑問、提供生活建議、輔助語言學習等。
- **創意娛樂：**
  激發創作靈感、輔助劇本或小說創作、提供趣味對話等。

推薦功能：

- **智慧搜索：**
  聯網多步智慧搜索，輕鬆搞定各種難題！即時搜索資訊，內容涵蓋，提供更詳盡準確的回答。
- **文檔速讀：**
  讀論文，讀財報，輕鬆無憂！無論是長篇 PDF，還是網頁長文，都能迅速理解總結呈現給你。
- **深度思考：**
  愛思考，會提問，更懂你！複雜問題主動思考提問，為你定制專屬解決方案。
- **智慧識圖：**
  能識圖，可語音，簡單易用！能準確理解圖片內容，支援語音輸入輸出。
- **文創助手：**
  激發你的創作靈感！寫論文大綱、PPT、小說、行銷文案、新詞稿等，樣樣精通。

https://www.doubao.com

推薦指數：★★★★★★（作者 6 星推薦！）

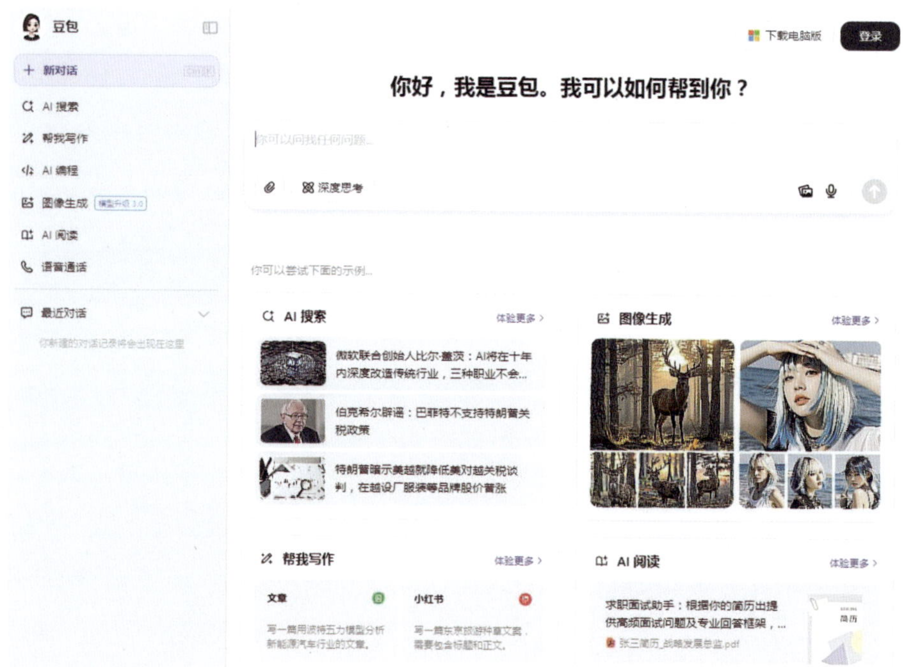

豆包是由抖音母公司字節跳動開發的一款類似 ChatGPT 的對話式 AI 機器人。目前，豆包

已成為中國消費者中最受歡迎的AI應用程式之一。正如你在豆包網站上看到的，它可以做到隨時待命，準備好與你展開對話，無論是閒聊還是尋求協助。豆包創意無限，可以能夠根據你的需求創作各種風格的圖片，例如「復古動漫」或「3D渲染藝術」等。它也可以協助你撰寫文章，幫你生成吸引人的社群文案。總而言之，豆包是一款功能強大且多樣化的AI工具，可以滿足你在資訊、創作、學習和求職等多方面的需求。

值得一提，豆包在生成文章時，還能同步在恰當位置插入適配的生成圖片，一站式滿足創作需求，這般貼心設計，細節滿滿，一鍵到位，這個小細節值得一讚！

另外，近期網絡爆紅的吉卜力（宮崎駿動畫室）風格網絡圖片，如果沒有辦法通過VPN在ChatGPT生成的話，也可以考慮用豆包，效果也是不過不失！

推薦功能：

- **文檔摘要：**
  快速總結長篇文檔內容，節省你的閱讀時間。
- **網路搜尋：**
  隨時查找最新的資訊，掌握時事脈動。
- **網頁內容閱讀：**
  讀取網頁內容，方便你理解和獲取資訊。
- **圖像生成：**
  根據你的描述生成各種風格的圖片，激發你的創意靈感。
- **程式碼編寫：**
  提供程式碼編寫和程式設計的輔助功能，提升你的程式開發效率。
- **音樂生成：**
  創作獨特的音樂，滿足你的音樂創作需求。
- **資料分析：**
  協助你分析資料，從數據中提取有價值的資訊。

https://kimi.moonshot.cn

推薦指數：★★★★★

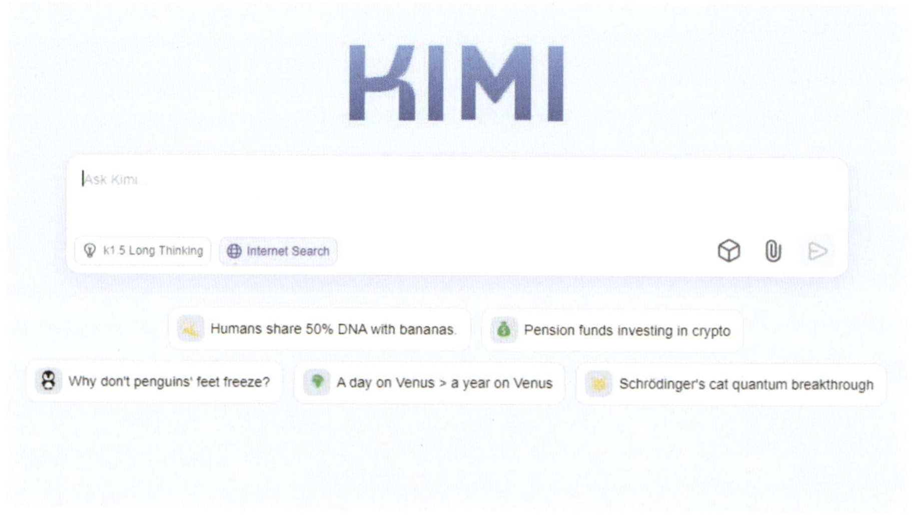

Kimi 是一個由北京月之暗面科技有限公司開發的智能助手平台。Kimi 擁有超大「記憶體」，可一次性閱讀高達二十萬字的小說，並具備上網搜尋的能力。其核心團隊成員曾參與多個大型模型的開發，包括 Google Gemini 和 Google Bard 等國際知名專案。

無論你需要解析複雜問題、進行深度思考，還是尋找創意靈感，Kimi 都能成為你值得信賴的智慧夥伴。它能快速理解大量文本內容，並提供精準且有深度的回答，幫助你更高效地完成各類任務。快來體驗這個功能強大的 AI 助手吧！

推薦功能：

- **長文本處理：**
  Kimi 能夠支持高達 20 萬漢字的輸入和輸出，無論是長篇文獻、報告還是複雜合同，都能出色地進行處理。
- **多文件處理：**
  可以同時閱讀和理解多種格式的檔，如 PDF、Word、Excel、PPT、TXT 等，並能進行摘要提取、翻譯和問答。
- **多端支持：**
  支援多設備同步，包括桌面端、網頁端和瀏覽器插件，隨時隨地在不同設備使用。
- **搜尋引擎：**
  能即時聯網搜尋，與工作緊密結合，快準地找到所需資訊，並以簡潔明瞭方式呈現。
- **K1.5 長思考：**
  具備深度思考的能力，能夠提供深入的洞察和分析，幫助用戶解決複雜問題。可輔助使用者進行內容創作，如梳理大綱、續寫文章、創作文案、寫作週報、撰寫方案等，提供無限靈感。

秘塔寫作貓

https://xiezuocat.com

推薦指數：★★★★★★（作者 6 星推薦！）

秘塔寫作貓是一個利用先進自然語言處理技術，基於大規模概率語言模型，學習海量文本知識，讓 AI 學會流暢地表達中文，協助用戶快速且高效地生成高品質書面內容的平台。你可以將秘塔寫作貓想像為 Google 文件的 AI 版，它提供線上編輯文檔的功能。如果你的工作或學習涉及較多文書寫作，請一定要試試寫作貓。它提供文法檢查、風格改進和詞彙增強等工具，旨在簡化寫作流程。

推薦功能：

- **寫作範本：**
  提供多種寫作範本及快速創作。只需在點擊 AI 寫作，即可快速訪問範本進行寫作。
- **高效創作流程：**
  根據提示按步驟完成摘要和大綱的確認後，即可快速得到一篇完整的文章，秘塔寫作貓旨在簡化寫作流程，提高寫作效率。
- **多樣化的寫作工具：**
  具備文法檢查、風格改進和詞彙增強等功能，提升寫作品質。適用不同的內容創作者、行銷人員以及任何需要高效寫作解決方案的人士。
- **線上文檔編輯：**
  介面及功能類似 Google 文件，提供線上文檔編輯功能。
- **自動 AI 配圖：**
  根據用戶的描述自動生成相關圖片，豐富文章內容。
- **事實驗證及搜索：**
  提供快速線上搜索功能，事實驗證及校閱，幫用戶在寫作過程中快速找到所需資訊。

通義

https://tongyi.aliyun.com

推薦指數：★★★★★★（作者 6 星推薦！）

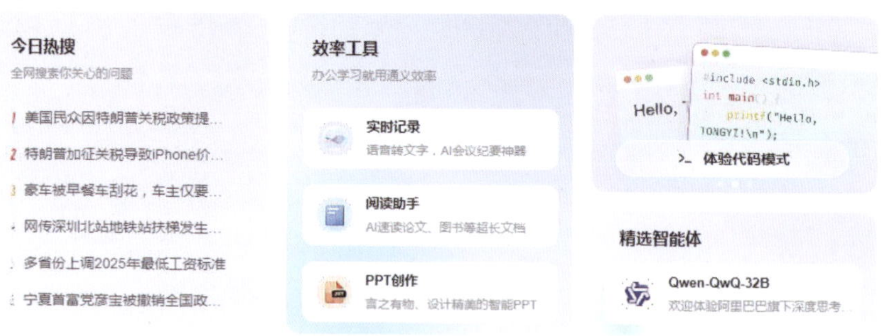

通義是阿里雲開發的 AI 平台，專注於自然語言處理與對話式 AI 技術，為企業與開發者提供多模態 AI 工具與服務。

該平台核心產品包括通義千問（對話式 AI 助手）、通義萬相（AI 創意作畫）、通義聽悟（音視頻分析工具）等，整合文字、圖像、音頻等多模態能力，支持企業應用開發與客戶互動優化。

平台採用「通情達義」的設計理念，透過開放 API 與低代碼模板，降低企業導入 AI 的技術門檻，同時強調數據安全與合規運作。

推薦功能：

- **通義千問：**
  提供文字創作、翻譯、程式輔助等對話式服務，支援多語言互動與角色扮演，企業可透過 API 整合至自有系統。
- **通義萬相：**
  AI 藝術創作工具，支援文生圖、描線插畫等風格生成，適用於廣告設計與內容製作。
- **通義聽悟：**
  解析音視頻內容，自動生成會議紀要、區分發言人，並提供多語言同步翻譯。
- **長文本支持：**
  能夠處理較長篇幅的文本內容，適合需要分析或生成長篇文章的使用者。
- **PPT 生成：**
  可以根據輸入的內容自動生成 PPT，節省製作簡報時間。
- **音訊轉文字：**
  具備語音辨識能力，可以將音訊內容轉換為文字，方便記錄和整理。
- **深度思考：**
  擁有更深入的思考能力，可以進行更複雜的推理和分析。
- **聯網搜索：**
  可以連接到互聯網進行搜索，獲取最新的資訊和知識。
- **代碼模式：**
  支援代碼生成和編輯，方便程式設計師使用。
- **創建智能體：**
  允許使用者創建自己的智能代理，客製化 AI 應用。
- **微信小程序：**
  可以在微信小程序中使用，方便在手機上使用。

商量

https://chat.sensetime.com

推薦指數：★★★☆☆

商量是商湯科技推出的智能 AI 對話助手，基於先進的多模態大模型技術，為你提供全方位的智慧協助。SenseChat

不僅能快速回答問題、解決疑惑，還能高效處理資訊查詢、文案撰寫、翻譯、繪圖及編程等多樣化任務。無論是學習上需要快速理解複雜課程，工作上需要撰寫專業報告或郵件，還是生活中需要即時資訊，SenseChat 都能「乜都搞掂」，讓你輕鬆應對各類挑戰。立即體驗 SenseChat，感受 AI 為你的工作、學習和生活帶來的極致便捷與智能！

商量除了有網頁版外，還支援手機應用程式下載！

推薦功能：

- **智能問答：**
  上傳文件、網頁鏈接或圖片，SenseChat 能夠深入分析內容，生成精確摘要並解答你的問題，輕鬆捕捉重要信息。聊天機器人能快速理解長篇文檔的核心內容，並從多個信息來源整合答案，解決你對特定內容的疑問。
- **語音通話：**
  通過實時語音交互，像和朋友聊天一樣自然流暢，溝通更方便。可更有效進行語言學習練習，提供更人性化互動的場景。
- **圖像生成：**
  只需簡單描述，SenseChat 即可生成各種風格的圖像，滿足多元創作需求。例如生成社交媒體內容的配圖、創建演示文稿所需的視覺元素等。
- **即時搜索：**
  快速獲取最新資訊，並整合多個信息來源，方便進一步閱讀和探索。SenseChat 還可以比較不同來源的信息，以此作為你的研究起點。
- **文案撰寫：**
  無論是廣告文案、商業計劃還是學術寫作，SenseChat 都能提供專業且高質量的文案。

騰訊元寶

https://yuanbao.tencent.com

推薦指數：★★★★☆

Hi~ 我是元寶

你身邊的智能助手，可為你答疑解惑、盡情創作，快來輕觸以下任一功能體驗吧~

你可這樣問我

用 MBTI 星座血型構建戀愛公式是否可行？

婚后夫妻共同账户是否能减少矛盾？

春困是人类进化过程中遗留的"冬眠基因"吗？

登入後可繼續對話

所有內容均由 AI 生成，僅供參考 | 請閱讀並知悉《騰訊元寶使用者服務條款》《騰訊元寶隱私權政策》開源條款

騰訊元寶是由騰訊公司開發的 AI 智能助手，基於騰訊的混元大模型。這款助手旨在提升用戶的工作效率和生活品質，提供多種智能服務，包括 AI 搜尋、AI 總結、AI 寫作等功能。

騰訊元寶通過其強大的中文理解、邏輯推理和任務執行能力，為用戶提供便捷的辦公、學習和生活輔助工具。

騰訊的混元模型是一種實用且強大的模型，擁有豐富的內容創作和分析能力。這使得元寶能夠深度融入用戶的生活，提供多方面的便利。用戶可以通過網頁訪問或下載電腦端以使用騰訊元寶，登錄後即可使用其功能，包括智能問答、文件解析、內容創作輔助等。

同時，元寶還支持多文件格式的解析和創作，能夠快速提煉文件重點，幫助用戶高效處理文件。

推薦功能：

- **深度思考功能：**

  元寶支持兩大深度思考模型——混元和 DeepSeek。這些模型能夠理解問題的多重維度和潛在邏輯關係，不僅提供直接答案，還能從多個角度深度分析問題，思維方式更貼近人類的認知過程，能夠顯著提高工作和學習效率。

- **聯網搜索功能：**

  元寶內的各個模型均支持聯網搜索，覆蓋公眾號等騰訊生態內容及互聯網權威信源，答案準確性更高。

- **多平台使用：**

  用戶可以通過瀏覽器訪問元寶，也可以在手機端通過應用程式商店下載手機應用程式、或下載電腦端使用。

- **圖文上載功能：**

  元寶允許用戶上載圖片或文件，並可同時上載多個文檔，方便用戶進行文件解析和分析。

https://chatgpt.com

推薦指數：★★★★★★（作者 6 星推薦！）

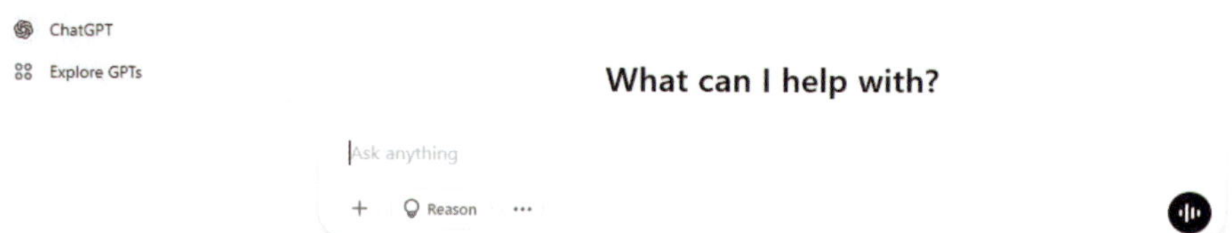

ChatGPT 是一個以自然語言理解和文字生成為主的聊天機器人平台。它在內容創作、聊天機器人開發、語言翻譯等多個領域具有極高的價值。正如其網站所顯示，你可以直接與 ChatGPT 互動，提出問題或要求。

主要用途：

- **自然語言理解和生成：**
  ChatGPT 擅長理解人類語言，並能以自然、流暢的方式生成文本。
- **內容創作：**
  可以用於撰寫文章、生成創意文本、編輯內容等。
- **聊天機器人開發：**
  能夠建立智慧型對話系統，用於客戶服務、虛擬助手等。
- **語言翻譯：**
  支援多種語言的翻譯。

推薦功能：

- **語音對話模式：**
  允許使用者透過語音與 ChatGPT 互動，提供更自然和方便的溝通方式。提升易用性，特別是對不擅長打字的使用者。
- **手機應用程式：**
  可下載手機應用程式，讓使用者隨時隨地輕鬆使用 ChatGPT。
- **GPT 商店：**
  可創建屬於自己的聊天機器人，讓開發者可以分享和銷售基於 GPT 的應用程式和工具，使其能擴展 ChatGPT 的功能，提供更多客製化選項。
- **文件 / 圖片上傳功能：**
  允許使用者上傳文件和圖片，以便 ChatGPT 可以分析內容並執行進一步的操作，以支援更複雜的任務，例如文件摘要、圖片識別和分析，以及根據上傳內容生成文字。
- **深度推理思考：**
  使其能夠更好地理解複雜的問題，並提供更深入和有見地的答案。提升問題解決能力，支援更複雜的決策過程，並能更好地處理抽象概念。
- **網頁搜尋功能：**
  將網頁搜尋功能整合到 ChatGPT 中，使其能夠即時訪問最新的資訊。提供更準確和最新的答案，支援研究和資訊收集，並能驗證資訊的真實性。
- **圖片生成：**
  允許使用者透過文字描述生成圖片。
- **Canvas：**
  提供一個互動式的編碼環境，讓使用者可以直接在 ChatGPT 中編寫、測試和執行程式碼。支援程式設計學習和開發，提供即時反饋和除錯工具，並能用於自動化任務。

* 香港地區的使用者目前需要使用 VPN 才能順利訪問 ChatGpt。

https://www.notion.so

推薦指數：★★★★☆

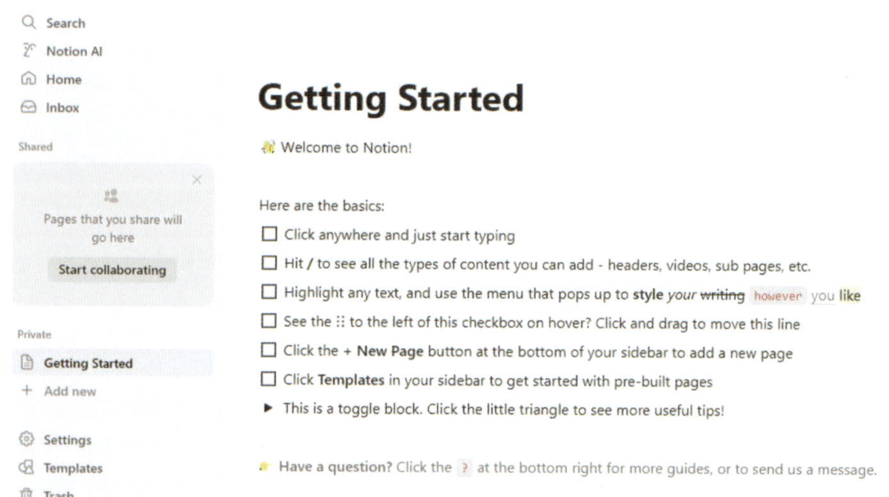

Notion 是一款整合了多種功能的工作空間，旨在打破傳統工具的局限。作為第一步，Notion 將你的工作流程融合到一個全面的工作空間中。無論是任務清單、產品路線圖還是設計倉庫，都能在這裡找到。Notion 提供了數十種類似樂高積木的組建塊，讓你可以自定義自己的工作空間，滿足不同需求。這樣，不僅能提高工作效率，也能讓你的工作流程更加簡潔和高效。Notion 支持多平台使用，並提供了豐富的表達能力和協同功能，非常適合個人和團隊使用。

Notion 的特色：

- **全面的工作空間：**
  將任務清單、產品路線圖、設計倉庫等功能整合到一個平台上。
- **自定義工作空間：**
  使用類似樂高積木的組建塊來構建個性化的工作環境。多平台支持：Windows、MacOS、iOS 和 Android 等系統，實現跨平台協同工作。
- **豐富的表達能力：**
  支持文字、圖片、音視頻、附件等多種內容，並可嵌入其他平台的內容。
- **強大的協同功能：**
  支持無限的協同人數，適合小型團隊和大型企業使用。

推薦功能：

- **全方位工作空間：**
  Notion 致力於將所有工具整合在一個地方。告別在多個應用程式之間切換的麻煩，Notion 讓你可以在一個平台上完成筆記、任務管理、專案規劃等工作。
- **筆記本：**
  Notion 是一個強大的筆記工具，你可以輕鬆記錄想法、會議記錄、研究資料等。它支持豐富的格式設定，讓你的筆記更清晰、更易於閱讀。
- **團隊協作空間：**
  Notion 提供團隊協作空間，讓團隊成員可以共同編輯、分享資訊、協同工作。這有助於提升團隊溝通效率，確保所有人都在同一個頁面上。

- **網站建立：**
  你可以使用 Notion 輕鬆建立簡單的網站或頁面。無論是個人作品集、活動宣傳頁面還是內部知識庫，Notion 都能幫助你快速搭建。
- **表單建立：**
  Notion 內建表單建立功能，你可以用它來收集回饋、進行調查、處理申請等。建立好的表單可以直接嵌入到你的 Notion 頁面中，方便使用者填寫。
- **日曆與行程管理：**
  Notion 提供日曆功能，讓你管理行程、安排會議、追蹤截止日期。你可以將日曆與任務列表整合在一起，更好地掌握自己的時間。

Qwen Chat

https://chat.qwen.ai

推薦指數：★★★★★

Qwen 實驗室，源自阿里巴巴，正致力於打造改變人類未來的通用人工智能（AGI）模型。秉持著安全、負責任的原則，Qwen 實驗室矢志創建全模態、高度智慧的 AGI 模型，並透過開源讓全球社群都能受惠。實驗室已開發出一系列領先的 AGI 模型，涵蓋文本、程式碼、數學及多模態等領域，為各項應用提供強大的驅動力。

其旗艦產品是通義千問系列大語言模型。其中，通義千問 2.5（Qwen2.5）是一款適用於各種通用語言任務的強大模型，展現了卓越的語言理解和生成能力。針對程式碼開發，則有通義千問 2.5-Coder（Qwen2.5-Coder）提供高效的程式碼生成和輔助功能。此外，通義千問 2.5-Math（Qwen2.5-Math）專注於數學計算，展現出在複雜數學問題上的出色解決能力。

在多模態領域，Qwen 實驗室也取得了令人矚目的成就。通義千問 2-VL（Qwen2-VL）模型在視覺語言理解方面表現出色，能夠理解並處理圖像與文字的關聯資訊。而通義千問 2-Audio（Qwen2-Audio）則專注於音訊理解，為語音識別和語音合成等應用提供了堅實的基礎。

為了將這些模型的潛力發揮到極致，Qwen 實驗室開發了 Qwen-Agent 框架，賦予這些模型執行更複雜任務的能力，使其化身為能夠自主完成任務的智能體。使用者和開發者可透過 Qwen Chat 這個直觀易用的介面，與 Qwen 實驗室的開源及專有模型無縫互動，包括通義千問 2.5-Plus、QwQ 以及通義千問 2-VL-Max 等。

Qwen Chat 提供豐富的功能，涵蓋圖像和影片理解、圖像生成、文件處理、搜尋、工具調用以及 Artifacts 管理等，為使用者提供全方位的 AI 體驗。與其他複雜的 AI 平台相比，Qwen Chat 提供更簡潔的聊天機器人介面，讓使用者能更輕鬆地體驗 Qwen 實驗室的尖端技術。

推薦功能：

- **多媒體檔案上傳：**
  上傳圖片、文字、影片等各種檔案，讓互動更豐富多元。
- **深度思考能力：**
  Qwen Chat 不僅能理解你的任務，更能進行深度思考，提供更深入、更具洞察力的回應。
- **即時網路搜尋：**
  透過與網路搜尋引擎的連結，Qwen Chat 能夠取得最新的資訊，讓你的答案更準確、更即時。
- **圖像 / 影片生成：**
  你可以利用 Qwen Chat 生成你想要的圖像或影片，拓展你的創意空間。

智譜清言

https://chatglm.cn

推薦指數：★★★★☆

智譜清言致力於打造新一代認知智慧大模型，專注於做大模型的中國創新。公司合作研發了中英雙語千億級超大規模預訓練模型 GLM-130B，並基於此推出對話模型 ChatGLM，開源單卡版模型 ChatGLM-6B。

同時，團隊還打造了 AIGC 模型及產品矩陣，包括 AI 提效助手智譜清言、高效率代碼模型 CodeGeeX、多模態理解模型 CogVLM 和文生圖模型 CogView 等。

公司踐行 Model as a Service（MaaS）的市場理念，推出大模型 MaaS 開放平台（https://

open.bigmodel.cn），打造高效率、通用化的「模型即服務」AI 開發新範式。通過認知大模型連結物理世界的億級使用者，智譜基於完整的模型生態和全流程技術支援，為千行百業帶來持續創新與變革，加速邁向通用人工智能的時代。

推薦功能：

- **ChatGLM：**
  作為網站的核心功能，ChatGLM 提供了一個對話式 AI 平台，可以與之進行自然語言交流，獲取資訊、解答疑問，甚至進行創意寫作。
- **AI 搜索：**
  AI 搜索功能可以更精準地理解你的搜索意圖，提供更相關、更全面的搜索結果，節省使用者時間和精力。
- **AI 畫圖：**
  AI 畫圖功能可以幫助快速生成圖像。無論是簡單的塗鴉、還是複雜的藝術作品，AI 都能根據你的描述和需求，創造出令人驚豔的視覺效果。
- **AI 閱讀：**
  AI 閱讀功能可以幫助你更高效地閱讀和理解大量文本。它可以自動提取文章的關鍵資訊、總結內容，甚至回答你提出的問題，讓你在短時間內掌握文章的核心內容。
- **AI 生視頻：**
  清影 AI 生視頻功能可以快速生成視頻。你可以輸入文字腳本或提供素材，AI 就能自動生成專業級別的視頻，讓你輕鬆成為視頻創作者。
- **清言 PPT：**
  清言 PPT 功能可以快速製作精美的 PPT 演示文稿。你只需輸入主題和內容，就能自動設計版面、選擇配色，並提供專業的排版建議，讓你的 PPT 更具吸引力。

- **數據分析：**
  數據分析功能可以幫助你從大量數據中提取有價值的信息。它可以自動分析數據、發現趨勢，幫助你做出更明智的決策。
- **多平台支持：**
  為了方便用戶隨時隨地使用這些功能，ChatGLM 網站提供了多平台支持，包括：
  1.Mobile app：你可以下載手機應用程式，隨時隨地使用 ChatGLM 的各種功能。
  2. 電腦端：你可以在電腦上安裝 ChatGLM 客戶端，享受更強大的功能和更流暢的體驗。
  3. 瀏覽器插件：你可以安裝瀏覽器插件，在瀏覽網頁時直接使用 ChatGLM 的各種功能，無需切換應用程式。

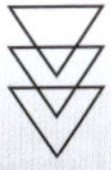

4

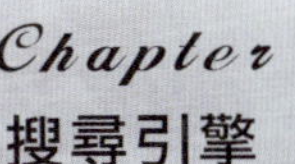

Chapter
搜尋引擎

體驗新一代搜尋技術

重塑搜索體驗的新一代技術隨著人工智能技術的迭代，AI 驅動的搜索引擎正以革新者姿態，重新定義用戶的搜索體驗。相較於傳統搜索引擎依賴關鍵字匹配的機械模式，這類新型引擎憑藉自然語言理解與推理能力，實現了從「資訊堆砌」到「意圖解析」的跨越。傳統搜索的痛點在於用戶需在海量結果中自行篩選，常陷入資訊超載的困境。而 AI 搜索引擎通過分析用戶搜索歷史、偏好及行為數據，構建個性化模型，不僅能精準捕捉查詢背後的真實需求（如區分「巴黎旅遊攻略」的實用需求與「巴黎歷史文化」的知識需求），還能根據學習風格提供定制化答案，無論是數學題解析還是學術文獻檢索，均可直達核心。 交互體驗的升級是 AI 搜索的另一亮點。語音搜索解放了雙手，讓用戶可在駕駛、家務等場景中便捷查詢；圖像搜索則打破文字限制，用戶上傳圖片即可獲取商品鏈接、植物識別等資訊。此外，引擎通過即時監測用戶點擊、停留時長等行為數據，動態優化演算法，確保搜索結果始終貼合需求變化。 展望未來，生成式 AI 與搜索引擎的融合將開啟新維度 —— 不僅能整合現有資訊，更可根據用戶指令生成原創內容（如旅遊行程規劃、產品評測報告等），進一步提升搜索的智能化與實用性。AI 驅動的搜索技術正以用戶為中心，持續推動資訊獲取方式的變革，讓每一次搜索都成為高效、精準的智能交互。

Ai搜+

https://chat.baidu.com

推薦指數：★★★★☆

Hi，AI搜索已支持R1满血版，快来试试吧！

智能模式全新上线

深度思考 如果AI会抑郁，症状是什么？

快速回答 给秦始皇解释wifi是什么意思

AI阅读 ›

上传文档 PDF/Word等

上传图片 jpg/png等

添加链接 支持各类链接

智能创作 ›

AI PPT　节日祝福　朋友圈文案

发言稿　写评语　小红书文案

画图修图 ›

国风头像　涂鸦插画　卡通人物

变清晰　去水印　换风格

智能创作　AI PPT　画图修图　AI阅读

Shift+Enter换行

DeepSeek-R1满血版　联网搜索

百度在其搜索網頁端首頁正式上線了全新的「AI 搜」功能入口，標誌著百度搜索迎來了一次重大改版與升級。此次推出的「AI 搜」功能是在原有百度搜索 AI 夥伴的基礎上進行深度改版和功能拓展而來。

百度「AI 搜」作為百度文心大模型的重要應用之一，被定位為桌面端的 AI 搜尋引擎。目前，該產品在內容層面已經實現了與百度搜尋引擎、百度健康、百度律臨、百度文庫、百度教育等多個內容生態的深度融合與打通。這一舉措不僅豐富了搜索結果的內容多樣性，也進一步提升了搜索的精準度和用戶體驗。

推薦功能：

- **智能創作：**
  例如快速生成工作總結，提升效率；生成吸引人的朋友圈文案，增加互動；協助撰寫發言稿，適用於各種場合。
- **AI 閱讀：**
  支援上傳 PDF、Word 等格式的文檔，進行 AI 分析和閱讀。
- **添加連結：**
  支援添加各類連結，方便獲取資訊。
- **畫圖修圖：**
  例如國風頭像、塗鴉插畫、卡通人物、提升圖片清晰度、去浮水印、更換圖片風格等多類型圖片功能。
- **深度思考：**
  支持 DeepSeek-R1 滿血版及百度文心 4.5 深度思考模型。

Copliot

https://copilot.microsoft.com

推薦指數：★★★☆☆

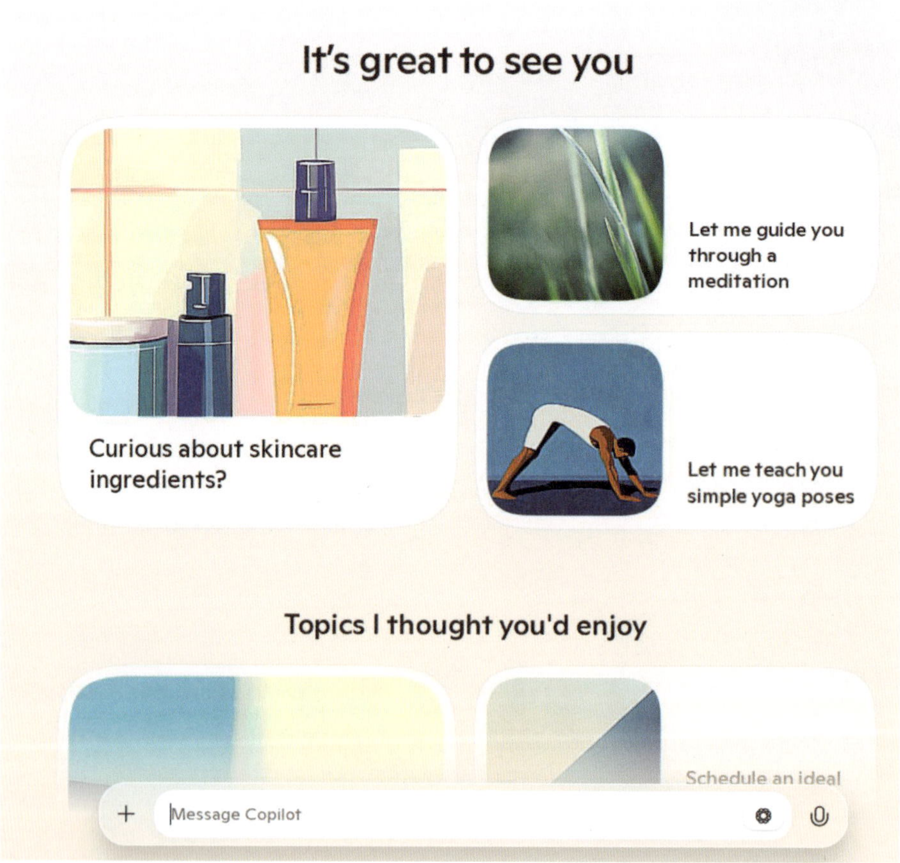

It's great to see you

Curious about skincare ingredients?

Let me guide you through a meditation

Let me teach you simple yoga poses

Topics I thought you'd enjoy

Schedule an ideal

Message Copilot

Microsoft Copilot 是一款由 AI 驅動的助手，旨在協助你完成各種任務。它可以幫助你瀏覽網頁、回答問題、摘要文章、生成文字和圖像等，甚至更多。基本上，Copilot 就像是一位聰明的助手，能夠幫助你更有效率地完成工作。

Copilot 可以與 Microsoft 365 的各種應用程式整合，例如 Word、Excel、PowerPoint 等，提供即時的 AI 支援，並根據你正在使用的應用程式提供個性化的回應。

推薦功能：

- **聊天機器人功能：**
  Microsoft Copilot 是一款強大的聊天機器人，能夠協助你完成各種任務。它可以幫助你瀏覽網頁、回答問題、摘要文章、生成文字等，甚至更多。這個功能讓你能夠更高效地完成工作。
- **Think Deeper：**
  Copilot 的「Think Deeper」功能使用推理模型，能夠深入分析和推理複雜問題。當你啟用這個功能時，Copilot 會花約 30 秒的時間從多個角度考慮你的問題，提供更深入的思考和建議。這對於數學、科學、程式碼挑戰、情境規劃和創意發想等需要深度思考的問題特別有用。
- **引用搜尋來源：**
  Copilot 能夠在搜尋時提供引用的來源，這有助於你驗證資訊的準確性，並深入了解搜尋結果的背景。
- **圖像生成：**
  Copilot 內建圖像生成功能，使用 DALL-E3 技術根據你的文字描述生成各種風格的圖像。你可以輕鬆地創建正方形或長方形圖片，無需額外的編輯工具。
- **Microsoft 365 整合：**
  Copilot 可以與 Microsoft 365 的應用程式無縫整合，例如 Word、Excel、PowerPoint 等。這讓你在工作中能夠更有效率地使用 AI 助手，提升創意和生產力。

https://grok.com

推薦指數：★★★★★

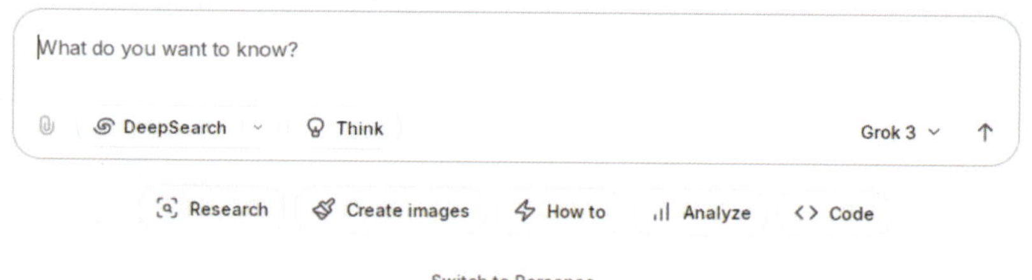

Grok 是由 xAI 開發的生成式人工智能聊天機器人，基於同名的大型語言模型（LLM），於 2023 年由埃隆・馬斯克（Elon Reeve Musk）發起推出。這款聊天機器人以其「幽默感」和直接訪問 X（前身為 Twitter）

平台的能力而聞名。

Grok 能夠實時回答用戶的問題，並利用 X 社交媒體平台的數據進行回應，使其在處理時事和即時資訊方面具有優勢。Grok 的最新版本 Grok 3 被宣傳為「地球上最聰明的 AI」，其推理能力和運算速度均有顯著提升，能夠逐步處理複雜任務，並與其他 AI 模型競爭。

如果你對這款聊天機器人感興趣，可以在其獨立 app 或 X 平台上體驗。Grok 的使用方式簡單，無需登入即可使用，但也提供多種登入方式，包括 Apple、X、Google 帳號或電子郵件。

推薦功能：

- **深度搜尋：**
  這個功能可以幫助你進行更深入的搜尋，提供更詳細的答案，並列出思考步驟，讓你了解為何得出某個結論。它能夠將問題拆解成各種面向，並在網路上搜尋各種來源，以提供更加完整的資訊給你參考。
- **圖像生成與編輯：**
  Grok 可以根據文字提示生成或編輯圖像，提供視覺化的幫助。
- **分析功能：**
  Grok 可以分析資訊，提供有關特定主題的見解，並且能夠根據多個來源進行比較分析。
- **推理模型：**
  這個功能可以幫助你解決複雜的問題，特別是在數學、科學和程式碼等領域。它模擬人類的思考方式，分析及推理用戶提出的問題，並將它整理成用戶所需的資訊。
- **代碼功能：**
  Grok 可以提供相關的編碼建議和解釋，並且能夠生成程式碼。
- **整合 X.com（Twitter）：**
  Grok 可以直接在 X 平台上使用，讓你能夠輕鬆地訪問和查詢資訊。

https://www.perplexity.ai

推薦指數：★★★★★★（作者 6 星推薦！）

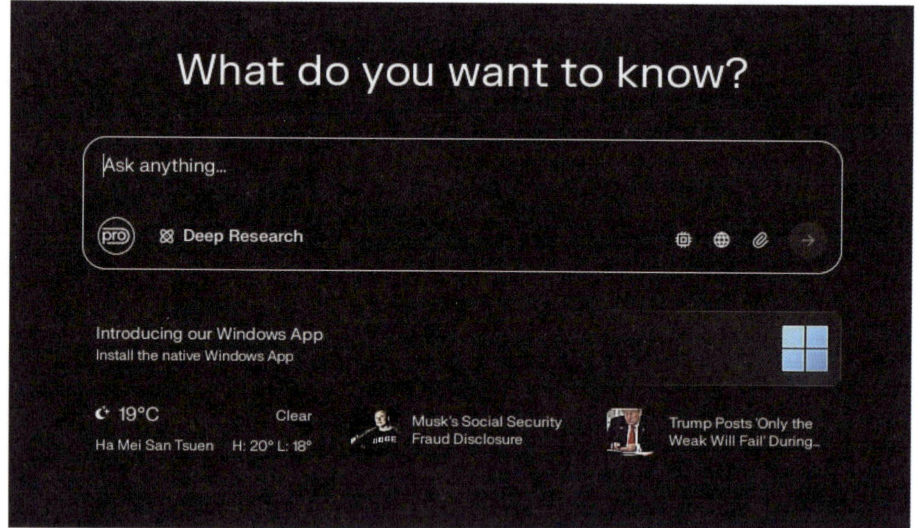

Perplexity 是一款免費的 AI 搜尋引擎，旨在革新你獲取資訊的方式。無論你提出什麼問題，Perplexity 都會在互聯網上搜索並提供易於理解且可驗證的答案。你可以把 Perplexity 視為你的研究夥伴，它能夠節省你的寶貴時間，為你提供所需的精確知識。這款搜尋引擎結合了自然語言處理技術和搜尋功能，讓你能夠快速地從網路上找到答案，並附上來源連結以供進一步查閱。無需註冊帳號，你就可以立即使用 Perplexity 進行搜尋，享受其高效的搜尋體驗。

推薦功能：

- **文件上傳搜索：**
  Perplexity 允許用戶上傳文件，系統會根據文件內容提供答案。
- **專注模式：**
  這項功能允許用戶根據需求選擇不同的搜索模式，包括：
  1. 一般搜索：適合日常使用。
  2. 學術搜索：從論文庫中搜尋已發布的論文。
  3. 社交搜索：專門搜尋知名社交網站的熱議內容。
- **發現空間：**
  這個功能更像是一個新聞及知識搜索引擎，可以幫助用戶精選熱門檢索信息。
- **帶引用的搜索：**
  Perplexity 的答案會附上來源連結，讓用戶能夠進一步查證。
- **深度研究及推理：**
  這項功能能夠進行深入的研究和分析，根據用戶提問，系統會進行多次搜索、閱讀數百個來源，並自主生成綜合報告。
- **跨設備同步聊天：**
  Perplexity 允許用戶在網站和手機應用程式中同步聊天記錄，方便在不同設備上使用。

秘塔AI搜索

https://metaso.cn

推薦指數：★★★★☆

秘塔 AI 搜索是由上海秘塔網路科技有限公司開發的一款基於大模型的智能搜尋引擎。該公司成立於 2018 年 4 月，致力於用算力換人力，讓專業場景的生產力百倍提升。秘塔 AI 搜索提供無廣告的搜索體驗，讓你能夠快速直達所需的資訊。它擁有強大的語義理解能力，能夠提供結構化的搜索結果，並支援多輪對話式搜索和語音輸入。

目前，秘塔 AI 搜索仍處於 0.99 版階段，公司正持續提升產品效果。秘塔科技已經擁有上千萬用戶，總部位於上海市徐匯區「模速空間」，並在北京和成都設立了兩大研發中心。該公司在 AI 搜索、AI 寫作、法律翻譯等方向上進行研發和產品落地，並自主研發了大語言模型 MetaLLM。

秘塔 AI 搜索的主要特點包括無廣告干擾、資訊透明度高、學術搜索功能等。它能夠自動查找並提煉相關文獻的關鍵資訊，支援中英文文獻，並提供直接跳轉到文獻頁面的鏈接。此外，秘塔 AI 搜索還提供了相關事件時間線、相關人物等輔助資訊的表格形式，幫助你更全面地瞭解與搜索主題相關的內容。

推薦功能：

- **帶引用文獻的搜索：**
  強化搜索結果與原始文獻的連結，讓使用者能更輕鬆地驗證資訊來源，同時提供引用列表的功能，方便使用者在學術寫作或研究中使用。
- **全平台支持：**
  網站及瀏覽器插件提供流暢且易於使用的體驗；手機應用程式及微信小程序則提供更便捷的移動搜索體驗。

5

Chapter

圖片 GenImage

AI 圖像處理技術的未來發展趨勢

AI 圖像處理平台通過先進的演算法和機器學習技術來分析、解釋和增強視覺數據。這些平台提供了多種功能，以滿足圖像識別和分析領域的不同需求。它們不僅能夠提升圖像質量，還能實現圖像生成、背景移除、物體偵測等複雜操作。

AI 圖像處理的核心功能

- **圖像增強與修復：**

  AI 平台可以自動調整圖像的亮度、對比度和顏色，以恢復舊照片或低質量圖像的清晰度。例如，使用 AI 技術來修復受損的照片，讓記憶重現。

- **圖像生成：**

  通過文字描述或樣本圖像，AI 可以生成新的圖像。這項功能在藝術創作、設計和廣告領域中尤其受歡迎。像 DALL-E 和 Stable Diffusion 等平台提供了高品質的圖像生成能力。

- **背景移除與物體偵測：**

  AI 技術可以準確地移除圖像中的背景或特定物體，並將其替換為新的背景。這項功能在照片編輯和視覺設計中非常實用。

- **圖像分析與識別：**

  AI 平台可以識別圖像中的物體、人物和場景，並對其進行分類和搜索。

AI 圖像處理的應用場景

- **藝術創作：**

  AI 圖像生成技術為藝術家提供了新的創作途徑。通過調整參數和風格，藝術家可以創造出多樣化的作品。

- **商業設計：**

  AI 圖像處理在廣告設計、品牌推廣和社交媒體視覺內容創作中發揮著重要作用。

- **教育與研究：**

  AI 圖像分析技術在科學研究中被廣泛應用，例如醫學影像分析和環境監測等領域。這些技術可以幫助研究人員快速處理和分析大量視覺數據。

AI 圖像處理的未來發展

隨著 AI 技術的不斷進步，圖像處理平台將會更加智能化和自動化。未來，AI 可能會在更多領域中發揮重要作用，例如虛擬現實、增強現實等。同時，AI 圖像生成的倫理問題也將成為一個重要的討論點，因為它可能涉及版權和私隱問題。

Adobe Express

https://express.adobe.com

推薦指數：★★★★★

Adobe Express 是一個多合一的設計、照片和影片工具，旨在簡化內容創作流程。它讓使用者能快速且輕鬆地製作引人注目的社群媒體內容、影片、標誌等。無論你是設計新手或是經驗豐富的創作者，Adobe Express 都能幫助你揮灑創意，打造出色的作品。這個平台提供了豐富的範本、素材和工具，讓你能輕鬆製作出專業級的內容，提升你的品牌形象或個人風格。Adobe Express 致力於讓每個人都能輕鬆表達自我，將創意轉化為現實。

推薦功能：

- **文字生成圖像：**
  只要輸入文字描述，就能快速生成獨特的圖像。
- **豐富的範本選擇：**
  提供各式各樣的範本，涵蓋社群媒體貼文、網頁、海報等，讓你輕鬆找到靈感，快速啟動設計專案。
- **背景移除：**
  一鍵移除圖片背景，方便你製作專業的產品圖、人物肖像或創意合成圖。
- **物件移除：**
  輕鬆移除圖片中不需要的物件，讓畫面更乾淨、更聚焦。
- **二維碼產生器：**
  快速生成二維碼，方便你分享連結、資訊，或用於行銷活動。
- **簡報製作：**
  直接在 Adobe Express 中製作精美的簡報，省時又方便。
- **網站產生器：**
  無需編碼，輕鬆建立個人或商業網站，展示你的作品或服務。
- **平面設計：**
  提供各種平面設計工具，讓你製作海報、傳單、名片等，滿足你的設計需求。
- **語音轉動畫人物：**
  透過語音輸入，讓你的動畫角色動起來，製作生動有趣的動畫內容。

https://firefly.adobe.com

推薦指數：★★★★★★（作者 6 星推薦！）

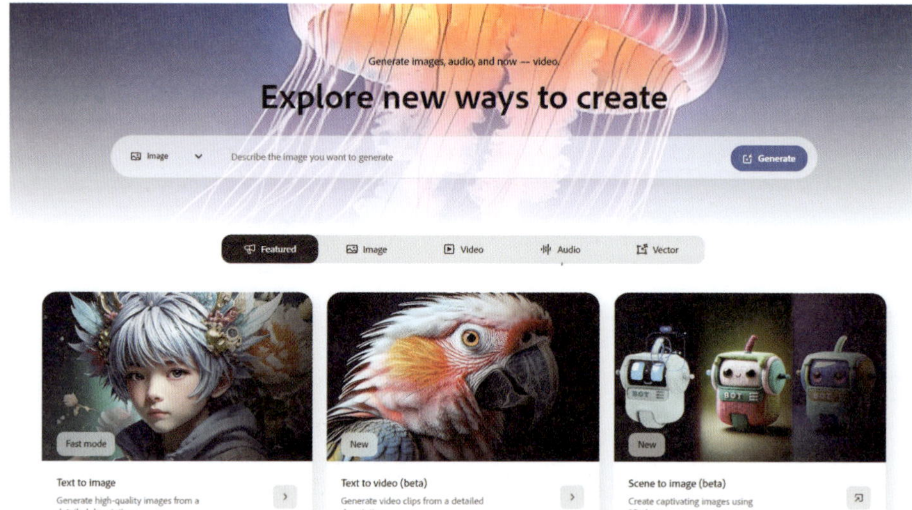

Adobe Firefly 是專門用於創建圖像內容。它以獨立網站的形式提供服務。Firefly 讓你可以使用日常語言和簡單的輸入來生成非凡的輸出。這個平台允許你輕鬆地將想法轉化為生動的視覺效果，並且可以在 Adobe 的各個應用中使用，例如 Adobe Express 和 Adobe Illustrator，來創建令人驚艷的圖像、社交媒體內容、傳單等。Firefly 的使用非常簡單，你只需輸入簡單的文字提示，然後它就會根據你的描述生成相應的圖像。這個工具不僅適用於個人創作，也能夠幫助企業快速創建品牌內容。

推薦功能：

- **文字轉圖像或視頻：**
  這個功能允許你使用簡單的文字描述生成圖像或視頻，讓你輕鬆地將想法轉化為生動的視覺效果。
- **圖像轉視頻：**
  只需要使用簡單的文字描述，Adobe Firefly 就可以從你上傳的圖像生成視頻。
- **生成填充：**
  這個工具可以填充圖像中的空白或延伸圖像，讓你輕鬆完成設計或調整圖像的構圖。
- **視頻及音頻翻譯：**
  Adobe Firefly 提供視頻或音頻翻譯功能，只需上傳相對應檔案即可。
- **文字效果：**
  你可以使用簡短的提示為文字套用樣式和紋理。這個功能讓你可以輕鬆地創建出生動有趣的文字效果，例如使用電線捲、披薩、亮片等來設計文字。

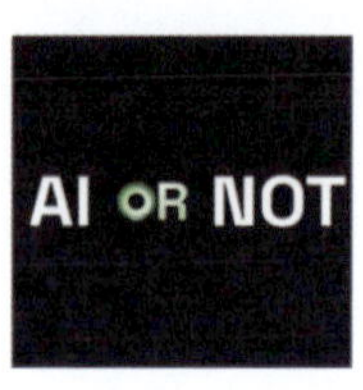

https://www.aiornot.com

推薦指數：★★★☆☆

AI or Not 是一個受到超過 20 萬用戶信賴的 AI 檢測器，它能檢查圖像、音訊、KYC 身份證明文件等內容是否由 AI 生成。該公司正在構建 AI 來檢測 AI，並幫助企業阻止詐欺、強化內容審核以及預防 KYC 詐騙。

AI or Not 的技術可以識別由

Stable Diffusion、Midjourney、GAN、DALL-E 等模型生成的圖像。此外，它還能檢測音訊中是否使用了 AI 生成的聲音，以保護音樂版權。即將推出的 GenKYC 功能，將在符合「認識你的客戶」（KYC）驗證的同時，檢查自拍或身份證明文件是否使用了 AI 技術。AI or Not 提供行動裝置、網頁和 API 等多種使用方式，協助使用者驗證 AI 內容，並透過詳細的檢測報告，準確且透明地識別深偽技術（Deepfakes）。

該平台還提供單一儀表板，方便用戶查看 AI 風險，從而防範 AI 生成的合成身份，保障身份驗證和 KYC 合規性。

推薦功能：

- **AI 圖像檢測：**
  此功能可檢測圖像是否由 AI 生成，從而減少詐欺和不實資訊的傳播。它能識別由 Stable Diffusion、Midjourney、GAN 和 DALL-E 等模型生成的圖像。
- **AI 音訊檢測：**
  此功能可檢測音訊中是否使用了 AI 生成的聲音，以保護音樂版權。

https://www.bing.com/images/create

推薦指數：★★★★★★（作者 6 星推薦！）

Bing Image Creator 能夠讓使用者僅憑文字描述就能生成圖像的工具。使用者可以透過文字描述，像是「羅浮宮的郵票，帶有精緻的邊框和厚重的雙色調陰影，採用極簡主義風格」，或是「山河的極簡印象派畫作，使用粉彩色調」，甚至是更具體的描述如「一張逼真的雪山山頂照片，一個孤獨的登山者

到達頂峰，從廣角航拍的角度，呈現出清脆、寒冷的晨光」，來創造出獨一無二的圖像。

Bing Image Creator 也與 Microsoft Rewards 整合，使用者可以通過使用 Bing 搜尋或完成每日活動來賺取 Rewards 積分，並將這些積分用於加速圖像生成。

推薦功能：

- **文字生成圖像：**
  使用者僅需輸入文字描述，AI 就能根據描述生成獨特的圖像。
- **多樣化的風格：**
  無論是極簡主義、印象派，還是超現實主義，使用者都可以指定圖像的風格。
- **Microsoft Rewards 整合：**
  使用者可以通過 Bing 搜尋或完成每日活動來賺取 Rewards 積分，並用這些積分來加速圖像生成。
- **範例靈感：**
  網站提供了一些範例提示詞，幫助使用者激發靈感。
- **高自由度：**
  使用者可以詳細描述圖像的細節，以獲得更精確的結果。

Canva

https://www.canva.com

推薦指數：★★★★★★（作者 6 星推薦！）

Canva 是一款線上設計和發布工具，旨在讓全世界每個人都能輕鬆設計和發布任何內容。它使得設計美麗的創意作品變得容易，無論是社交媒體圖片、視頻、GIF，還是海報、網站、宣傳冊等。Canva 提供了豐富的模板和直觀的拖放界面，讓你能夠快速設計出專業的視覺內容。無論你是設計社交媒體內容、商業宣傳材料，還是建置網站，Canva 都能滿足你的需求。它不僅適合簡單設計，也提供了進階功能，如 AI 工具、品牌包自定義和視頻編輯功能，讓你的設計變得更加創意和專業。這樣，你就能輕鬆地將設計想法變成現實，並在任何地方發布。

推薦功能：

- **跨裝置同步設計：**
  你的設計作品可以在網站和手機應用程式之間無縫同步，讓你隨時隨地都能進行創作和編輯，非常方便。
- **文字生成圖像：**
  Canva 提供的文字生成圖像功能，讓你只需要輸入文字描述，就能夠自動生成相應的圖像，激發你的創意靈感，快速創建獨特的視覺內容。
- **廣泛的應用程式整合：**
  Canva 整合了眾多應用程式，例如 Google Workspace、Slack 以及其他 AI 工具，讓你的工作流程更加順暢，可以輕鬆地將設計作品分享到不同的平台，提高工作效率。

CIVITAI

https://civitai.com

推薦指數：★★★☆☆

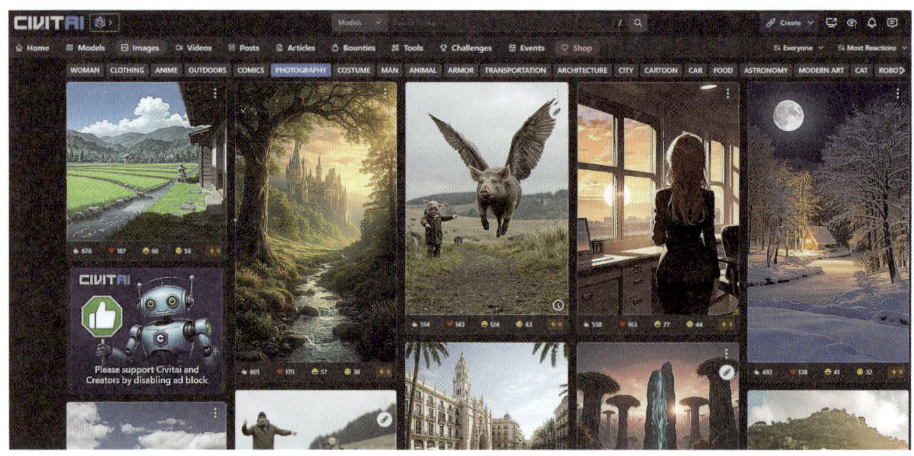

Civitai.com 是一個蓬勃發展的生成式人工智能資源分享平台，提供用戶發現、下載和分享內容的空間，並允許用戶對多樣的生成式 AI 技術相關資源進行評論和討論。這個平台不僅提供了數千個由不同藝術家創建的模型集合，還讓用戶能夠參與活躍的社區，審核模型並分享帶有提示詞分享的圖像。用戶可以輕鬆地瀏覽和搜索不同類型的模型，例如現實感圖像或卡通風格，並根據自己的需求生成圖片。Civitai 目前是免費使用的，並提供了 API 接口以便開發人員將其功能整合到自己的應用程序中。

推薦功能：

- **圖像提示詞參考：**
  使用者可以查看特定圖像的生成提示詞，了解如何使用該提示詞或模型以達到類似效果。這樣可以協助使用者了解提示詞的結構和關鍵字效果。例如，分析不同風格描述、細節描述、否定詞等對生成結果的影響。
- **圖像及影片生成：**
  使用者可以直接在 Civitai 上進行圖像或影片生成，無需跳轉到其他軟件或平台，方便快速測試和實驗。

ClipDrop

https://clipdrop.co

推薦指數：★★★★☆

Clipdrop 是一個 AI 圖像工作室，它提供了一系列強大的 AI 編輯工具，讓你可以在幾秒鐘內完成各種圖像編輯任務。Clipdrop 還提供 API，讓你可以在自己的應用程式中加入這些一流的 AI 功能。

Clipdrop 的公司團隊始創成

員多為互動媒體設計師、開發者和 AI 專家，亦有 Google Arts & Culture Lab 的駐場藝術家、甚至媒體與互動設計的大學教授參與。Clipdrop 的公司後來亦籌集了數以百萬美元計的投資，後來更被另一個全球知名的 AI 圖像平台 Stable Diffusion 的母公司 Stability 收購。

推薦功能：

- **生成填充：**
  讓你替換、移除和修復圖片中的任何元素。
- **調整大小：**
  可以將圖片調整大小，以適應各種社交媒體平台的需求。
- **更換背景：**
  透過文字描述，將任何物體傳送到任何地方，更換背景。
- **背景移除：**
  以驚人的準確度從圖片中提取主體，如同魔法一般。
- **清理：**
  自動移除圖片中的物體、人物、文字和瑕疵。
- **圖像擴展：**
  將照片擴展到任何圖像格式。
- **圖像放大器：**
  在幾秒鐘內將圖像放大 2 倍或 4 倍，同時去除噪點並恢復細節。
- **重新想象：**
  圖像轉圖像，創建圖像的多個變體。
- **文字轉圖像：**
  允許你使用簡單的文字描述生成圖像。
- **文字移除：**
  自動從圖片中移除文字。

https://www.craiyon.com

推薦指數：★★★☆☆

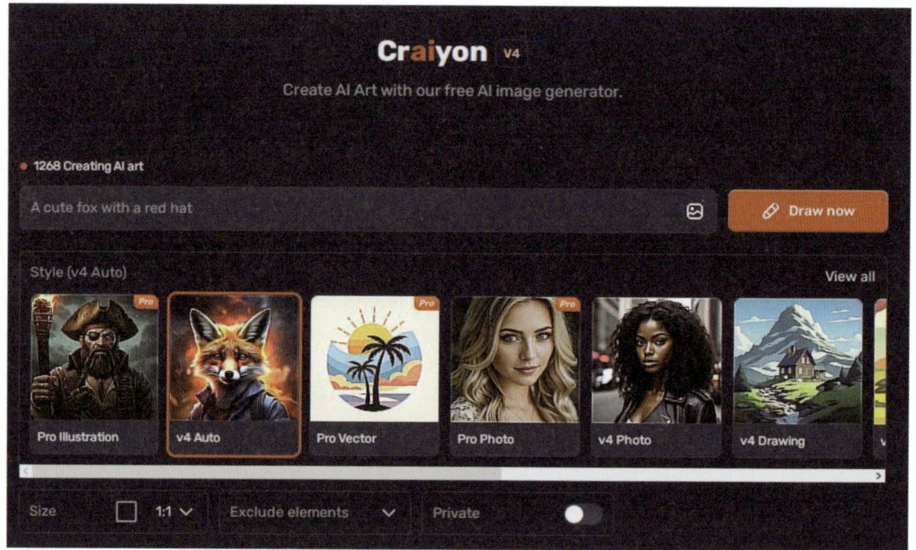

Craiyon 是一個免費的 AI 圖像生成器，讓你可以立即創作無限的 AI 插圖，無需登入即可使用。

這個平台利用機器學習技術，根據文字提示生成獨特的

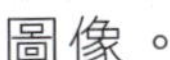

圖像。

Craiyon 是市場上早期的 AI 圖像生成器之一。它提供簡單直觀的界面，讓你輕鬆地將文字轉換成多種風格的圖像，包括卡通、攝影和抽象等。

這使得初學者也能輕易地將創意從文字轉化為視覺作品。

Craiyon 提供多種自定義選項，讓你可以根據需求調整圖像的尺寸、風格和內容。

推薦功能：

- **文字轉圖像：**
  你可以輸入文字提示，Craiyon 會根據提示生成獨特的圖像。
- **圖像轉圖像：**
  Craiyon 支援基於現有圖像進行生成新圖像的功能。
- **多種風格：**
  包括卡通、攝影和抽象等。
- **支援反向提示詞：**
  你可以使用反向提示詞來避免在生成的圖像中出現特定的元素或風格，例如，你可以輸入「不要帽子」以避免生成的圖像戴帽子。
- **背景移除工具：**
  Craiyon 圖像編輯工具有整合背景移除的功能。

https://davinci.ai

推薦指數：★★★☆☆

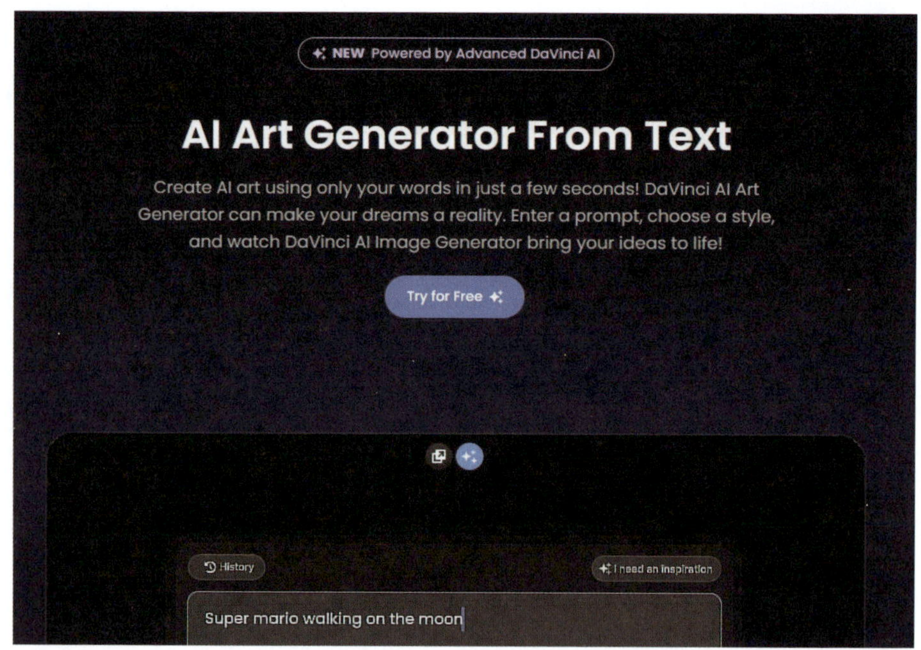

DaVinci AI 能夠僅憑藉你的描述就能創建出獨特的照片和圖像。只需輸入文字或選擇藝術風格，DaVinci AI 就能在幾秒鐘內將你的想法變為現實。這款應用程式不僅能生成數位藝術作品、紋身設計、標誌設計等，還能創造超逼真的照片和 AI 頭像。使用者可以輕鬆分享自己的創作到其他平台，讓創作變得毫不費力且便捷。

推薦功能：

- **AI 紋身生成器：**
  輕鬆設計獨一無二的紋身圖案，將你的創意變成皮膚上的藝術。
- **AI 標誌生成器：**
  快速創建專業級的品牌標誌，提升你的品牌形象。
- **文字轉圖像：**
  僅需輸入文字描述，AI 就能將你的文字想法轉化為精美的圖像。
- **提示詞參考：**
  提供豐富的提示詞參考，幫助你更好地描述你的創作想法。
- **支援手機應用程式：**
  支援 iOS 和 Android 平台，讓你隨時隨地都能進行創作。

dzine

https://www.dzine.ai

推薦指數：★★★★☆

Dzine（前身為 Stylar.ai）是一款強大的 AI 圖像生成工具，為用戶提供無與倫比的圖像構圖和風格控制。Dzine 的主要特點之一是其預設風格選擇，讓你無需撰寫複雜的風格提示詞就能輕鬆定制設計。這款工具不僅適合專業設計師，也適合新手用戶，提供簡單直觀的操作介面和多樣化的圖像生成選項。無論是插畫、角色設計、室內設計或 Logo 設計，Dzine 都能快速生成高質量圖像。此外，Dzine 還提供圖層功能，讓你能夠將圖片分割成多個可編輯的層次，並支援多達 20 種語言的文字生成圖片功能。登入後，你可以開始使用免費版或選擇付費升級以獲得更多功能。

推薦功能：

- **文字或圖片生成圖像：**
  你可以透過輸入文字或上傳圖片，讓 AI 根據你的指示生成全新的圖像。
- **文字或圖片生成視頻：**
  提供從文字或圖像生成視頻的功能。
- **AI 圖像工具包：**
  網站提供一系列 AI 圖像編輯工具，例如：

  1. 一致性角色生成： 可以生成一致的角色，適用於動畫和遊戲開發。

  2. 面部變換： 提供面部識別和處理工具。

  3. 局部編輯： 可以輕鬆添加或修改圖像中的物體。

  4.AI 橡皮擦： 提供 AI 智能擦除功能，可以輕鬆移除不想要的物體或背景。

  5. 擴展： 支援擴展圖像邊界以適應特定比例。

  6. 增強： 提供 AI 增強功能，包括智能照片品質提升，提升圖像解析度。

  7. 面部修復： 可以通過 AI 智能修復和增強面部細節。

  8. 面部風格化： 支持將面部轉換為卡通或其他風格。

  9. 移除背景： 提供 AI 背景移除功能，適用於複雜場景如頭髮和毛髮。

  10. 虛擬試穿： 提供虛擬試穿功能。

  11. 圖像轉 3D： 支援從圖像生成 3D 模型。

  12. 產品背景： 可以輕鬆更換或生成產品背景。

https://www.headshotpro.com

推薦指數：★★★★☆

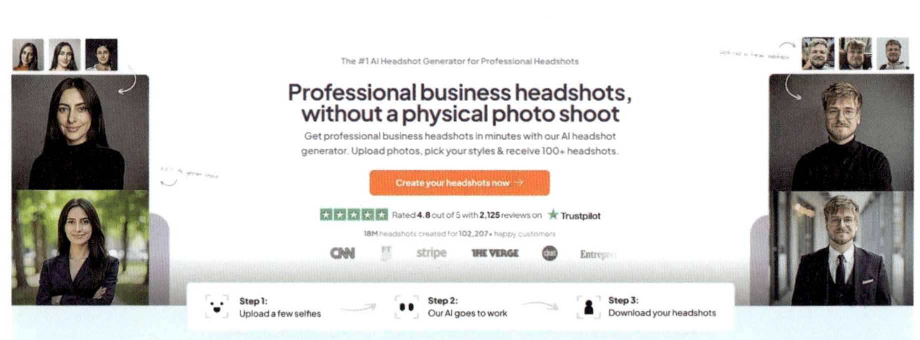

HeadshotPro 利用 AI 技術幫助用戶在短短幾分鐘內創建專業的商務頭像。只需上傳照片，選擇所需的風格，你就能收到超過 100 張的個人化頭像。這個平台讓你無需依賴攝影師，輕鬆打造專業的個人或團隊頭像。

相較於傳統的攝影棚拍攝，HeadshotPro 提供更經濟實惠的選擇，基本方案僅需 $29 美元，即可獲得多張頭像。無論是個人還是團隊，HeadshotPro 都提供了便捷的解決方案，讓你輕鬆提升在線形象。

推薦功能：

- **AI 頭像生成器：**
  這是 HeadshotPro 的核心功能，透過 AI 技術，你只需上傳照片並選擇風格，即可快速生成多張專業級別的頭像。
- **多樣化的頭像風格：**
  網站提供各式各樣的背景和服裝選擇，讓你根據不同需求和場合，打造最合適的頭像。無論是演員頭像、企業頭像、還是房地產經紀人頭像，都能滿足你的需求。
- **專業品牌工具：**
  除了頭像生成，HeadshotPro 還提供一系列品牌工具，包括 Email 簽名生成器，可輕鬆將新頭像加入專業的 Email 簽名中；LinkedIn 工具，提供 LinkedIn 標題生成器、LinkedIn 個人簡介生成器和 LinkedIn 個人資料生成器，協助你完善 LinkedIn 檔案。

Irasutoya

https://www.irasutoya.com

推薦指數：★★★★★★（作者 6 星推薦！）

Irasutoya（插圖屋）是一個由插畫家三船隆（みふねたかし）運營的日本網站，提供數千張可愛的剪貼畫風格插圖。這些插圖大多可免費用於個人和商業用途。從 2012 年到 2021 年初，三船隆每天都會更新新的插圖，但後來因工作繁忙而改為不定期更新。Irasutoya 的插圖以其統一的風格和豐富的主題而聞名，甚至被日本政府機構使用。近年來，Irasutoya 還推出了 AI 生成服務，讓用戶可以根據需求創建自定義插圖。

推薦功能：

- **免費使用的插圖：**
  網站提供大量由插畫家三船隆創作的可愛風格插圖，這些插圖大多可以免費使用於個人或商業用途。
- **多樣的插圖類別：**
  網站的插圖涵蓋各種主題，包括兒童、職業、疾病、商業、學校、食物、運動、動物等，方便你快速找到所需的素材。
- **AI 插圖生成服務：**
  Irasutoya 提供 AI 圖像生成服務，可以依照你的需求生成獨特的插圖。
- **AI 手繪風生成服務：**
  網站提供 AI 手繪風格生成服務，可以創建獨特的手繪風格圖像。
- **圖像生成：**
  網站提供圖像生成服務，可以依照你的需求生成圖像。
- **《海賊王》角色插圖：**
  網站提供《海賊王》（ONE PIECE）的角色插圖。

https://leonardo.ai

推薦指數：★★★★★★（作者 6 星推薦！）

Leonardo.Ai 是一款專為創意人士打造的 AI 繪圖工具，特別適合圖像設計師用於提升創作水平。通過 Leonardo.Ai，你可以輕鬆地創作出高質量的插畫、概念藝術、角色設計等作品，這些作品將與你的藝術理念完美契合。

推薦功能：

- **文字生成圖像：**
  功能強大的圖像生成工具，提供多種設定，可以根據你的需求進行調整，適合不同層次的用戶。只需輸入文字描述，AI 就能根據你的描述生成相應的圖像，將你的想像力變成現實。
- **圖像生成影片：**
  讓你坐上導演的位置。透過一鍵式生成影片，讓你的工作流程迎來革命性的變革。
- **草圖生成圖像：**
  如果你有初步的草圖，可以直接上傳或在平台繪出，AI 會將草圖進一步完善，生成更精細的圖像。
- **AI 畫布：**
  網站提供照片編輯功能，方便你對生成的圖像進行修改和調整，以達到最佳效果。結合了強大的編輯功能和沉浸式的創作過程，讓你完全掌控你的設計，可以輕鬆擦除、調整尺寸和優化細節。
- **模型訓練：**
  你可以訓練自己的 AI 模型，讓 AI 更了解你的風格和需求，從而生成更符合你期望的作品，例如面容一致的各類角色。
- **提升圖像解析度：**
  為圖像、照片、插畫和繪圖添加新的細節和解析度層級。

案例分享：利用 Leonardo.Ai 的模型訓練，只需要上傳大約 20 張清晰的照片（最好多角度、單人、大頭照），即可按你的需求，生成各類不同風格的圖片。案例中是使用了作者太太多張的照片作模型訓練所生成的。

https://looka.com

推薦指數：★★★★★

Logo Maker　Brand Kit　How It Works　Reviews　Logo Ideas　Blog

Design your own beautiful brand

Use Looka's AI-powered platform to design a logo and brand you love.

Enter your company name　Get started

Excellent  7,000+ reviews on ★ Trustpilot

Looka 旨在幫助使用者輕鬆設計和建立品牌標誌。即使你沒有任何設計經驗，Looka 也能讓你創作出符合你願景的獨特標誌。它提供無數的設計選項，並且你可以隨意調整，直到獲得你完全滿意的作品。

完成標誌設計後，Looka 也能幫助你將品牌形象具體化。Looka 的品牌工具包（Brand Kit）會使用你的標誌、顏色和字體，立即生成數百種品牌行

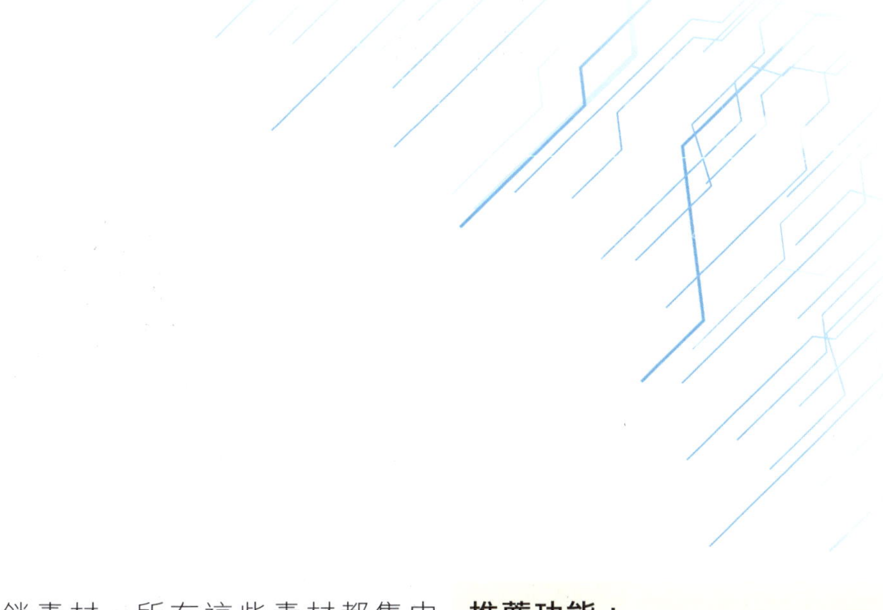

銷素材，所有這些素材都集中在一個地方。

透過 Looka，你可以從 300 多個與你的品牌形象和產業相符的範本中進行選擇。在品牌工具包易於使用的編輯器中，自訂你的品牌名片、社交媒體個人資料、電子郵件簽名等的設計。Looka 提供你從第一天起就能啟動品牌並展現出色形象所需的一切。最棒的是，繁重的平面設計工作由人工智能完成，而你擁有創意的控制權。

推薦功能：

- **標誌製作工具：**
  透過 AI 技術，即使你沒有設計技能，也能輕鬆創建符合你願景的標誌。你可以產生無數的選項，並調整設計，直到獲得完全滿意的成果。
- **品牌工具包：**
  在標誌設計完成後，品牌工具包可以立即生成數百種品牌行銷素材，包括名片、社交媒體模板、電子郵件簽名等，全部集中在一個地方，方便你使用和管理。

https://magicstudio.com

推薦指數：★★★★☆

What would you like to do today?

Edit an existing image

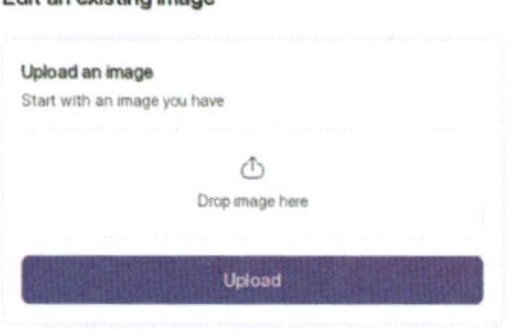

Create a new image, with AI

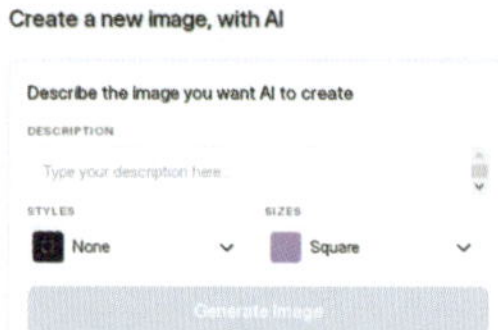

Magic Studio 是一個讓人們輕鬆製作精美圖片的網站。它讓使用者在幾分鐘內就能創建引人入勝的產品頁面、廣告、社群媒體貼文等，完全不需要任何設計技能。Magic Studio 就像一個專業的影像工作室，人人都能輕鬆上手，簡單到五歲小孩也能操作。

Magic Studio 致力於將強大的影像處理能力賦予每個人。Magic Studio 深受全球數百萬使用者的喜愛，至今已處理超過 1.5 億張圖片。它也備受業界信任，是許多專業人士的首選。Magic Studio 同時也提供了手機應用程式供使用者下載。

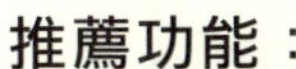

推薦功能：

- **背景或物件移除工具：**
  能夠快速移除照片中的物件、人物或文字，讓你輕鬆地去除不想要的內容。
- **添加或更改物件：**
  透過文字提示，讓 AI 幫你在圖片中添加或更改物件，創造出新的視覺效果。
- **圖像生成：**
  使用 AI 根據文字生成圖片，讓你輕鬆創作出想要的圖像。
- **圖片放大工具：**
  將圖片尺寸放大而不失真。
- **背景模糊工具：**
  為照片添加專業的模糊效果。
- **AI 藝術生成器：**
  使用 AI 創作藝術和圖形。
- **HEIC 轉 JPG 轉換器：**
  免費將 iPhone 的 HEIC 圖片轉換為 JPG 格式。
- **WEBP 轉 PNG 轉換器：**
  將 WEBP 檔案轉換為 PNG 格式。
- **AI 生成專業證件照：**
  將自拍照轉換為專業的證件照。
- **AI 生成產品照片：**
  快速創建高質量的產品照片，節省時間和金錢。

https://quickqr.art

推薦指數：★★★★☆

Quick QR Art 是一款創新的 AI 二維碼藝術生成器，讓你免費創建、自訂和追蹤令人驚艷的二維碼藝術。這個工具允許你將品牌標誌、插圖、圖形、顏色、形狀和文字融入二維碼中，打造視覺上吸引人的二維碼體驗。通過 Quick QR Art，你可以輕鬆將這些藝術二維碼無縫整合到營銷材料、包裝和數字平台中，從而提升品牌形象和用戶參與度。這個平台提供多種預設風格和自訂選項，讓你在幾秒鐘內創造出獨特的二維碼藝術。

推薦功能：

- **圖片二維碼生成：**

  你可以使用自己的圖片或標誌來創建獨特的二維碼，讓你的二維碼更具吸引力且能反映你的品牌形象。

- **文字藝術：**

  將文字融入圖片設計中，以藝術的方式呈現訊息。

- **時尚藝術：**

  有沒有曾經在網絡上看過有風景圖片若隱若現出現一個人像？不錯！正是使用這個時尚藝術功能做出來的！這種技術可以用來生成隱藏圖像或文字的效果，例如在風景圖片中若隱若現地顯示人像。通過這種創意工具，你可以輕鬆地將品牌標誌、插圖、圖形、顏色、形狀和文字融入圖片中，打造視覺上吸引人的圖像體驗。

- **照片融合：**

  將照片與二維碼巧妙融合，創造出獨特的視覺效果。

- **定制化鏈結創建：**

  根據你的需求自定義網站鏈結，能準確導向你希望用戶訪問的網頁或內容。

案例分享：掃 QR CODE，嘗試瞇起你的雙眼，有見到我嗎？

Raphael AI

https://raphael.app

推薦指數：★★★☆☆

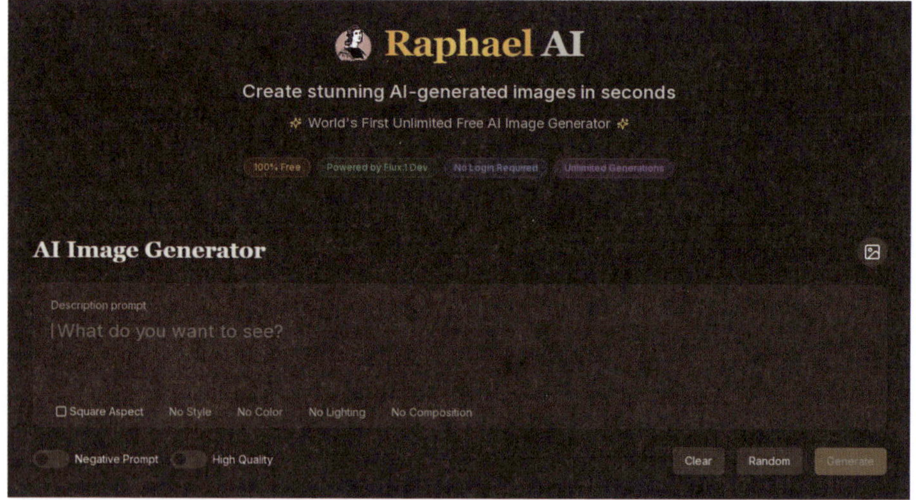

Raphael AI 是基於 FLUX.1-Dev 模型的免費且無限制的 AI 圖像生成工具。這個平台允許用戶無需註冊或登入，即可輕鬆生成高品質的圖像。只要輸入提示詞，Raphael AI 就能快速地產生出各種風格的圖片，從寫實攝影到動漫風格等都能輕鬆實現。這個工具不僅免費使用，還提供了無使用次數限制的優勢，讓創作者能夠無限次地生成圖像。此外，Raphael AI 也非常注重用戶私隱，所有生成的圖片和提示詞都不會被儲存在伺服器上。

推薦功能：

- **文字生成圖像：**
  Raphael AI 的核心功能是能夠根據用戶輸入的文字提示，快速生成高品質的圖像。FLUX.1-Dev 模型確保了對複雜提示的準確理解，並能產出細節豐富、風格多樣的視覺作品。
- **支援反向提示詞：**
  為了更精確地控制圖像生成結果，Raphael AI 支援反向提示詞功能。使用者可以輸入不希望出現在圖像中的元素，從而引導 AI 避開這些內容，確保最終生成的圖像更符合使用者的期望。
- **圖片拓展及更改尺寸：**
  除了生成圖像外，Raphael AI 還提供圖片拓展和更改尺寸的功能。這意味著使用者可以輕鬆地調整現有圖片的大小，或者通過拓展功能來增加圖片的內容，而無需使用其他複雜的圖像編輯工具。

https://www.seaart.ai

推薦指數：★★★★☆

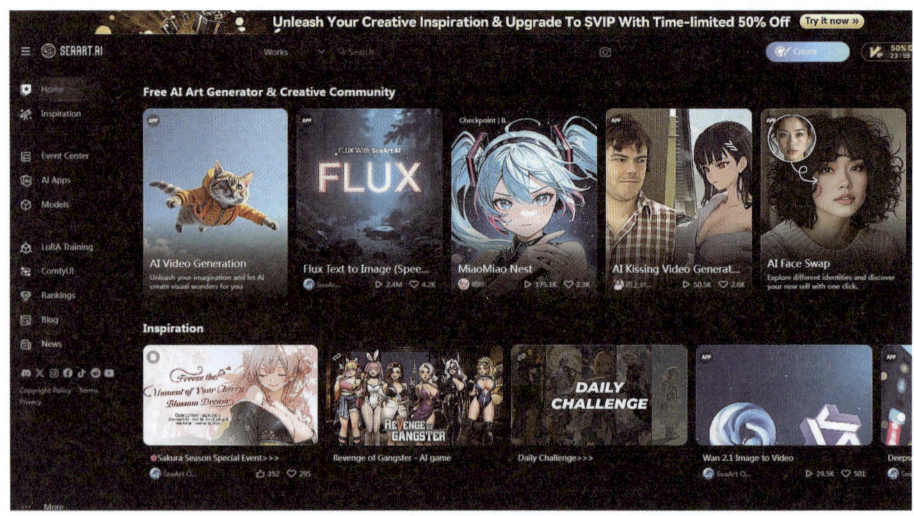

SeaArt.AI 是一個免費線上 AI 藝術創作平台，這個平台提供了豐富的 AI 模型和工具，讓你可以輕鬆地創作出高質量的 AI 藝術作品。無論你是初學者還是專業人士，這個平台都能滿足你的需求，提供一鍵生成圖片和高級參數調整等功能。另外，SeaArt.AI 還允許你訓練自己的 AI 模型，並授予你對創作的完全所有權，可以自由地將作品用於商業用途或出售。

推薦功能：

- **圖片提示詞參考：**
  這是個能激發靈感的好功能，讓使用者可以參考社群中其他人的作品和提示詞，從而更好地構思自己的創作。
- **從文字或圖片生成圖像：**
  這個是 SeaArt.AI 的核心功能，使用者可以通過文字描述或上傳圖片來生成 AI 圖像，並可以選擇不同的風格和模型。
- **影片生成：**
  SeaArt.AI 能支援影片生成，讓使用者可以輕鬆製作 AI 短片。
- **AI 彩妝：**
  提供 AI 彩妝功能，讓使用者可以在照片或生成的圖像上嘗試不同的妝容，甚至可以應用於虛擬角色的設計。
- **圖片放大：**
  這個功能可以提高圖片的解析度，讓細節更清晰，非常實用。
- **臉部替換：**
  讓使用者可以將一張臉替換到另一張圖像上，增加趣味性和創意。
- **草圖轉圖像：**
  透過 AI 將簡單的草圖轉化為逼真的圖像。
- **AI 濾鏡：**
  將每張照片轉化為一件藝術品，增強視覺效果。
- **舞蹈秀：**
  使用單張圖片，創造出動態的舞蹈表演效果。
- **AI 試穿模型：**
  僅需上傳圖片，即可輕鬆試穿不同服裝，適用於時尚設計和購物預覽。
- **AI 漫畫生成器：**
  創建高品質的視覺故事，具有連貫性和長篇幅的圖像。
- **AI 肖像生成：**
  隨意創造各種風格的肖像，豐富你的藝術選擇。
- **背景移除：**
  利用 AI 識別技術，快速移除圖片背景。
- **AI 橡皮擦：**
  刪除圖片中的瑕疵或不需要的物體，同時保持背景完整。

U 鈣網

https://www.uugai.com

推薦指數：★★★☆☆

U 鈣網是一個專業的智能 AI 商標設計平台，無論你懂不懂設計，只需輸入文字，就能自行設計出專業且精美的 LOGO 標誌。這個平台提供 100% 原創的設計作品，並且無限制地供用戶免費下載。U 鈣網已經專注於智能 LOGO 設計十多年，服務超過千萬用戶。

值得注意的是，U 鈣網是國內平台，因此對簡體中文的支持較為友好。如果公司標誌涉及繁體中文、英文或其他外語，設計效果可能不夠穩定。因此，在使用時需要考慮這些因素，以確保設計結果符合預期。U 鈣網的設計工具簡單易用，讓任何人都能輕鬆創造出專屬的 LOGO。

推薦功能：

- **公司名稱轉 LOGO：**
  輸入你的公司名稱，U 鈣網的智能 AI 系統會根據名稱生成多種 LOGO 設計方案。
- **多樣化的設計類型：**
  字母圖標、動物圖標、廚師美食、房屋建築、植物圖標、龍鳳神獸、文字設計、歐式花紋等等。

Whee

https://www.whee.com

推薦指數：★★★☆☆

Whee 是由美圖推出的 AI 視覺創作工具，旨在幫助用戶尋找創作靈感。它提供一站式 AI 視覺創作服務，包括 AI 繪畫、圖片生成，以及各種 AI 修圖功能。用戶可以通過簡單的文字描述或圖片上傳，快速生成高品質的視覺素材。Whee 的功能包括文生圖、圖生圖、平面轉 3D 等，讓用戶輕鬆實現創意想法。此外，Whee 還提供了豐富的教程和示例，幫助用戶快速上手。無論是專業設計師還是普通用戶，都可以利用 Whee 快速生成所需的視覺素材。除網頁版本，Whee 也有提供手機應用程式，方便用戶隨時隨地進行圖像編輯。

推薦功能：

- **文生圖：**
  只需輸入文字描述，AI 就能自動生成符合你描述的圖片。
- **圖生圖：**
  上傳圖片，AI 就能根據圖片的風格和內容，生成更多相關的圖片。
- **免摳素材：**
  提供大量無需去背的素材，方便你快速應用到設計作品中。
- **IP 形象定制：**
  可以定制獨特的 IP 形象，打造個人品牌。
- **AI 模特圖：**
  利用 AI 生成模特圖片，省去聘請模特拍攝的成本。
- **風格模型訓練：**
  可以訓練 AI 學習特定風格，生成具有獨特風格的圖片。
- **創作詞庫：**
  提供豐富的創作詞彙，幫助你更精確地描述你的想法。
- **AI 改圖：**
  AI 改圖功能，可以根據你的需求修改圖片內容。
- **AI 擴圖：**
  利用 AI 技術擴展圖片的範圍，增加視覺效果。
- **AI 超清：**
  提升圖片的清晰度，讓細節更清晰可見。
- **AI 無痕消除：**
  可以無痕消除圖片中的瑕疵或不需要的元素。
- **局部修改：**
  針對圖片的局部進行修改，精準調整細節。
- **AI 生視頻：**
  利用 AI 生成短視頻，讓你的創意更生動。

https://yce.perfectcorp.com

推薦指數：★★★☆☆

YouCam Online Editor

YouCam Online Editor 提供多種功能，包括 AI 啟用的增強、物件和背景移除、上色、圖像擴展和重設大小。使用者可以透過文字輸入或圖像上傳，利用 AI 圖像生成器創作創意藝術作品和個人資料圖片。這款工具是一款全面的 AI 照片增強和上採工具，能夠轉換照片、修復舊舊模糊的圖像、移除背景、刪除物件、創建高解析度圖像等。它利用 AI 的力量來銳化、去模糊和提升圖像質量。無論是個人還是企業，YouCam Online Editor 都能滿足不同需求，讓你輕鬆地編輯和提升照片。

推薦功能：

- **AI 圖片增強：**
  利用 AI 技術快速提升照片質量，銳化、去模糊和增強圖像。
- **AI 上色和色彩校正：**
  將黑白照片轉為彩色，並進行色彩校正以增強視覺效果。
- **AI 照片擴展器：**
  無縫擴展圖像背景，非常適合需要調整尺寸的照片。
- **AI 替換：**
  輕鬆替換照片中的物件、人物或背景，增強創意自由度。
- **物件移除和背景移除：**
  快速刪除不需要的元素，創造簡潔的視覺效果。
- **AI 人像生成器：**
  創建專業的個人資料圖片，包括 AI 頭像、AI 虛擬形象等。
- **AI 美妝虛擬試穿：**
  使用 AI 技術增強自拍，讓照片變成令人驚艷的視覺表現。
- **AI 影片編輯：**
  提供面部交換、風格轉移等功能，將靜態照片轉為動態影片。

https://www.chuangkit.com

推薦指數：★★★★☆

創客貼是一款線上平面設計工具，為用戶提供了豐富的高品質設計資源和模板，包括海報、名片、宣傳單和社交媒體圖片等。用戶可以通過簡單的拖拉拽和文字替換操作，快速生成設計作品。這個平台讓非設計專業人士也能輕鬆製作出精美的視覺內容，無需複雜的設計軟件操作。創客貼的設計過程非常直觀，提供大量免費的無背景圖片、攝影圖片、字體和背景等素材，並支持雲端存儲和多平台使用。這使得你可以在任何時間、任何地方輕鬆完成設計，並與他人分享。

推薦功能：

- **圖像工具箱：**

  1. 智能摳圖：利用 AI 技術自動識別並分離主體與背景，支持手動調整以確保效果自然。

  2. 圖片編輯：提供批量設計、圖片變清晰、智慧消除、智能改圖等功能，幫助你快速優化圖片。

  3. 無損改尺寸：讓你在不影響圖片質量的情況下調整尺寸。

  4.AI 去浮水印：快速移除圖片中的浮水印。

- **視頻範本與特效：**

  提供多種視頻範本和特效，讓你輕鬆創作視頻內容。

- **設計資源庫：**

  1. 字體庫：提供多種字體選擇，讓你的設計更具個性。

  2. 插畫元素：豐富的插畫元素幫助你創作出更具創意的作品。

  3. 圖片庫：大量的圖片素材供你選擇。

  4.50 萬 + 範本：覆蓋企業設計、常用場景、簡報、電商、H5、人事行政、社交生活等多種設計需求。

- **AI 創作工具：**

  1.AI 拼圖：通過 AI 技術快速生成拼圖作品。

  2. 智能設計：利用 AI 協助你完成設計，提升效率。

  3.AI 商標：一鍵生成符合你需求的商標。

  4.AI 文生圖：簡單輸入文字，一句話設計，即可生成相應的設計作品。

  5.AI 商品圖：快速生成商品圖片，適用於電商平台。

  6. 文生素材：生成多種素材以供設計使用。

- **多端協作：**

  下載手機應用程式，享受多端協作的便利，隨時隨地進行設計工作。

https://www.remove.bg

推薦指數：★★★★★★（作者 6 星推薦！）

Remove Image Background

100% Automatically and Free

No image?
Try one of these:

By uploading an image or URL you agree to our Terms of Service. To learn more about how remove.bg handles your personal data, check our Privacy Policy.

Remove.bg 成立於 2018 年，迅速成為背景移除領域的領先解決方案。作為 Canva 的一部分，Remove.bg 致力於讓所有人都能輕鬆使用高品質的背景移除功能，服務對象涵蓋企業、應用程式開發者、小型企業主、專業攝影師以及個人使用者。

為持續精進服務品質，Remove.bg 透過訓練 AI 來改善圖片的細節和複雜度。憑藉其聰明的 AI 技術，使用者可以大幅縮短編輯時間，並享受更多樂趣。無論你想要製作透明背景（PNG）、為照片添加白色背景、提取或隔離主體，或是取得照片的剪裁圖，都可以透過 Remove.bg 這款專為專業人士設計的 AI 背景移除工具輕鬆完成。

Remove.bg 為一些最受歡迎的設計程式、電子商務網站和電腦環境打造了工具和外掛程式。為了提高你工作流程的數位效率，平台提供 API 供你使用。無論你想要為你的好友製作一張令人驚豔的賀卡，還是在短時間內處理成千上萬張汽車照片，此網站都能助你實現。

推薦功能：

- **自動背景移除：**
  只需幾秒鐘，就能自動移除圖片背景，無需手動操作。
- **魔法畫筆：**
  提供精確控制，讓你選擇要移除或恢復圖片中的哪些部分。
- **批量編輯：**
  一次性移除多張圖片的背景，大幅提升工作效率。
- **自訂背景：**
  輕鬆更改照片背景，添加透明、彩色或設計模板。
- **模糊背景：**
  將背景模糊化，讓主體更突出。
- **AI 陰影：**
  為主體添加真實的陰影，增

添深度和立體感。

- **產品照片編輯器：**
創造令人驚艷的產品照片，吸引更多顧客。
- **移除視頻背景：**
自動移除視頻和 GIF 的背景。
- **天空替換：**
為照片替換天空，提升照片質感。
- **整合應用程式與外掛：**
Remove.bg 可以與你最常用的工具和平台整合，讓你在任何地方都能輕鬆移除背景。
- **移除簽名背景：**
輕鬆移除簽名的背景，並將其應用於任何線上文件中。
- **創建專業履歷照片：**
只需幾秒鐘就能創建專業的履歷照片，提升你的個人形象。
- **汽車照片編輯器：**
使用 Remove.bg 的汽車照片編輯器，在幾分鐘內創建專業的汽車照片。這個工具可以自動移除背景，添加陰影，並替換背景以提升照片質量。
- **YouTube 封面圖設計：**
使用 Remove.bg 快速設計引人注目的 YouTube 封面圖，提升你的頻道視覺識別度和吸引力。

6 Chapter 商品圖片

提升電商視覺魅力與銷售轉換率

在現代電商時代，產品圖像平台已成為企業提升品牌形象和銷售轉換率的重要工具。這些線上服務旨在增強和優化產品圖像，以滿足電子商務和行銷需求。通過提升圖像的視覺吸引力和專業度，企業可以更有效地吸引潛在顧客，進而提高銷售轉換率。

這類平台通常提供多種功能，包括圖像編輯、背景去除、圖片增強等。例如，使用 AI 技術的平台可以自動去除圖片背景，替換為更適合的背景，從而提升圖像的整體質感。另外，許多平台還提供大量的設計模板和素材，讓用戶即使沒有設計經驗也能輕鬆創建專業的產品圖像。

AI 技術在產品圖像創建中發揮著重要作用。通過 AI 算法，可以生成高質量的圖像，並提供多樣化的設計選項。這些工具不僅能快速生成圖像，還能根據用戶的偏好進行個性化設定，確保生成的圖像與品牌風格保持一致。

產品圖像平台的優勢

- **提高視覺吸引力**：

  通過優化圖像質量和設計，企業可以提升產品的視覺吸引力，從而增加顧客的購買意願。

- **提升品牌形象：**
  專業的產品圖像有助於企業建立更強大的品牌形象，增強顧客對品牌的信任和認同。
- **簡化設計流程：**
  許多平台提供簡單易用的設計工具和模板，讓非設計專業人士也能輕鬆創建高質量的圖像。
- **提高效率：**
  批量編輯功能和 AI 自動化工具可以大幅提高圖像處理效率，節省企業的時間和資源。

選擇合適的產品圖像平台需要考慮企業的具體需求和預算。例如，部分平台提供免費下載或月費訂閱模式，適合小型企業和個人創業者。有些平台則提供免費和付費版本，適合不同規模的企業需求。

產品圖像平台已成為電商企業不可或缺的工具。通過這些平台，企業可以提升產品圖像的質量和視覺吸引力，進而提高銷售轉換率和品牌形象。隨著 AI 技術的發展，產品圖像創建將變得更加簡單和高效，為企業帶來更多的商業機會。

Mokker AI

https://mokker.ai

推薦指數：★★★★★

Home Features Use Cases Developers Showcase Pricing Create with Mokker →

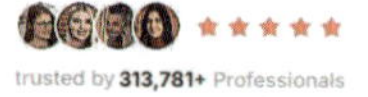

AI Background for Product Photos

Professional product photos, instantly. From a single product image.

Create with Mokker →

and get 40 FREE photos

Mokker 是一個能夠簡化高品質商品攝影流程的網站，利用先進的 AI 技術瞬間替換背景。只需上傳一張商品照片，Mokker 就能以真實的方式替換背景，無需 Photoshop 技巧。這個工具提供免費試用，讓你輕鬆體驗其功能。使用 Mokker 後，你可以快速生成多張不同風格的商品圖片，無論是室內、戶外或特殊材質的背景，都能輕易實現。這對於需要大量商品圖片的電商來說，是一個非常實用的工具。

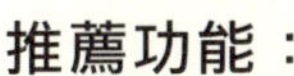

推薦功能：

- **瞬時人工智能背景替換：**
  只需上傳一張商品照片，Mokker AI 就能瞬間替換背景，無需 Photoshop 技巧。
- **內置高品質模板：**
  提供多種高品質模板，包括家具、車輛、食物、珠寶等，讓你輕鬆選擇適合的背景。
- **AI 商品圖生成：**
  通過簡單的步驟（上傳圖片、選擇模板、添加描述），就能生成真實而精美的商拍圖。
- **道具素材庫：**
  內置卡通道具素材庫，添加道具後，AI 會自生成包含該道具的真實背景。
- **商品替換：**
  可一鍵替換商品主體，統一所有商品的格式與背景。
- **顏色控制：**
  精確控制 AI 商品圖的顏色，使效果一致。
- **圖片大小調整：**
  支持調整畫布大小，創建尺寸合適、兼容各類社媒平台的圖片。

soona

https://soona.co

推薦指數：★★★☆☆

soona Solutions Resources Pricing Enterprise Get started

CREATIVE AT SCALE FOR BRANDS WITH STANDARDS

soona is your all-in-one platform to make, manage, and optimize photo + video content for all your ecommerce channels.

Book a demo Get started

Soona 是一個自助式的內容創作平台，提供虛擬拍攝服務，讓你從任何地方創造高品質的照片和視頻內容。它是一個全方位的平台，幫助你製作、管理和優化照片及視頻內容，以滿足所有電子商務渠道的需求。Soona 的虛擬拍攝過程允許實時反饋和調整，內容交付速度快，通常在 24 小時內完成。這使得企業能夠快速高效地創建專業的視覺內容，並在各大電子商務平台上展示。

這個平台不僅適合電子商務企業，也適合營銷團隊和創業者，提供可擴展的解決方案，以滿足不同規模的業務需求。Soona 的定價模式透明且合理，讓企業在有限的預算下也能獲得高品質的內容。

推薦功能：

- **AI 工作室：**
  創建獨特的場景或增強任何照片，提供多種編輯工具。
- **AI 場景：**
  用戶可以選擇不同的 AI 場景來提升內容的創意和吸引力。
- **AI 道具：**
  提供各種虛擬道具，協助用戶在拍攝中增添趣味和多樣性。
- **背景顏色變更：**
  用戶可以輕鬆改變照片的背景顏色，以適應不同的品牌風格或需求。
- **移除背景：**
  快速去除照片中的背景，讓主體更加突出。
- **黑色、白色、模糊背景：**
  提供多種背景選擇，包括黑色、白色或模糊效果，增強視覺效果。
- **圖片調整大小：**
  方便用戶根據需求調整圖片大小，適合不同平台的要求。
- **添加文字到照片：**
  用戶可以在照片上添加文字，增強信息傳達效果。

https://d.design

推薦指數：★★★★☆

堆友是阿里巴巴設計團隊打造的設計師全成長周期服務平台，圍繞品質、效率、技能、成就和收入五大用戶價值布局平台能力，全力服務設計師，旨在成為設計師的好朋友。該平台提供了豐富的設計資源，包括海量高品質 3D 素材、實時線上渲染、多元場景功能應用等，讓設計師能輕鬆創建 3D 模型和場景。此外，堆友還提供了免費的線上設計工具和資源，讓專業設計師、運營工作者、學生和社交達人都能在此找到幫助。這個平台不僅提供技術支持，也注重社群交流和技能提升，讓設計師在創作過程中能得到全方位的支持和成長。

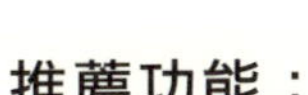

推薦功能：

- **AI 工具箱：**

  1.AI 繪畫：支援文生圖，輸入描述即可生成對應畫作，滿足不同創意需求。

  2.AI 造字：幫助使用者創造獨特字體，為設計增添個性元素。

  3. 摳圖（去除背景）：實現一鍵摳圖功能，提高圖像素材處理效率。

  4.AI 商品圖生成：快速生成適用於電商的商品展示圖片。

- **3D 模型：**

  1. 提供海量高品質 3D 素材，幫助設計師進行 3D 模型的設計和創作。

  2. 支持即時線上渲染，提高設計工作效率。

- **AI 聊天助手：**

  AI 聊天助手功能，幫助設計師解難答疑。

- **文本及圖像轉圖像：**

  輸入描述或圖像即可生成對應的圖像。

- **電商工具：**

  提供 AI 商品圖、模特換膚等工具，幫助電商運營者快速生成高品質的商品展示圖片和行銷圖。

* 注意：香港地區的使用者目前需要使用內地手機號碼才能順利註冊登陸。

https://www.designkit.com

推薦指數：★★★★★

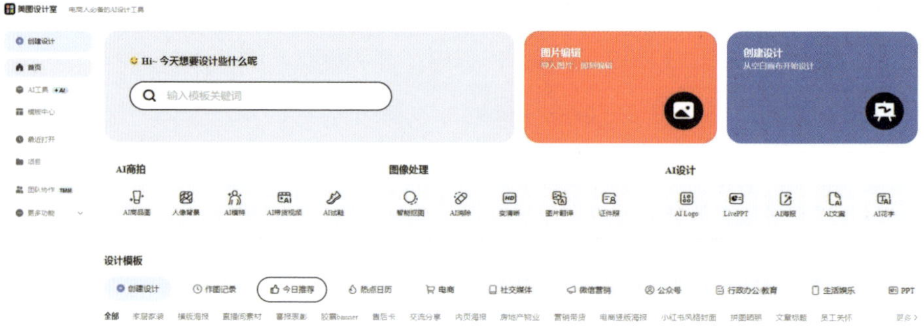

美圖設計室是美圖秀秀旗下的智能線上協作平面設計平台。它是一款圖形設計工具和線上平面設計軟件，提供海量的海報模板、跨境電商模板、橫幅、主圖和邀請函模板等。這個平台不僅能夠幫助用戶輕鬆設計各類視覺材料，還提供了豐富的 AI 工具和模板中心，讓用戶能夠快速完成設計任務。無論是電商、社交媒體還是行政辦公等領域，美圖設計室都能滿足不同需求，讓設計變得簡單高效。使用這個平台，你可以輕鬆創建和分享設計作品，同時享受團隊協作的便捷體驗。

推薦功能：

- **AI 工具：**

  1.AI 商拍：提供 AI 商品圖、人像背景、AI 模特、AI 帶貨視頻和 AI 試鞋等功能，協助你快速生成高品質的商品展示素材。

  2. 圖像處理：包含智能摳圖、AI 消除、變清晰、圖片翻譯、證件照等功能，讓你可以輕鬆編輯和優化圖片。

  3.AI 設計：提供 AI LOGO、PPT、AI 海報、AI 文案和 AI 花字等功能，幫助你快速生成各種設計素材。

- **模板中心：**

  1. 提供大量適用於不同場景的設計模板，如電商、社交媒體、微信營銷、公眾號、行政辦公 / 教育、生活娛樂和 PPT 等。

  2. 模板類型豐富，包括手機全屏海報、小紅書風格封面、電商主圖、工牌工作證、招聘海報、簡歷簡介等。

  3. 還提供各種圖文模板、長圖海報、橫版 / 豎版視頻封面、LOGO、手機壁紙等，滿足你不同的設計需求。

- **圖像編輯：**

  1. 支持導入圖片進行編輯，快速進行各種圖像處理操作。

  2. 提供創建設計功能，可以從空白畫布開始你的設計創作。

7

Chapter

音頻 GenAudio

AI 音頻技術的應用與未來發展

AI 音頻平台正在革新用戶創作和互動音頻的方式。這些工具提供了多種功能，包括文本轉音頻、音頻轉文本轉錄、聲音克隆以及實時音頻處理。通過運用先進的 AI 技術，這些平台提升了創造力、簡化了工作流程，並在各種應用中提高了音頻內容的整體質量。

AI 音頻平台的功能非常豐富，涵蓋了多個領域：

- **文本轉音頻（TTS）**

  文本轉音頻技術允許用戶將文字轉換為自然、播客品質的音頻。這項功能在為 YouTube 視頻創建旁白、為有聲書生成敘述等方面尤其有用。通過先進的語音合成算法，這些小工具可以產生聽起來極其自然的 AI 聲音。

- **音頻轉文本轉錄**

  AI 音頻轉錄功能可以即時將語音轉換為文本，對於播客製作人、記者和電子學習專業人士來説非常有價值。這項功能支持多種語言的語音轉錄，擴大了其應用範圍。

- **聲音克隆（生成逼真的語音複製品）**

  聲音克隆是一項尖端功能，允許用戶創建自定義的聲音配置文件，可以模仿特定個體的語調和風格。這項技術在多語言配音和創建獨特品牌聲音方面提供了無限的可能性。

- **實時音頻處理**

  AI 音頻平台提供了實時音頻處理功能，例如音頻增強、降噪和母帶處理等。這些功能可以自動提高音訊質素，適用於語音、音樂和音效的任何組合。

AI 音頻平台通過其創新的功能和廣泛的應用，正在革新音頻創作和互動的方式。這些平台不僅提升了創造力和工作效率，也提高了音頻內容的質量，為用戶提供了無限的可能性。隨著 AI 技術的不斷發展，AI 音頻平台將在未來繼續發揮重要作用，推動音頻創作和應用領域的進一步發展。

AnyVoice

https://anyvoice.net

推薦指數：★★★☆☆

AnyVoice 是一個提供超逼真 AI 語音生成技術的網站。這項技術利用人工智能將文本轉換為如真人般的語音。

AnyVoice 的系統採用先進的深度學習模型，生成具有適當語調、節奏和情感表達的自然語音。其應用場景包括內容創作、教育領域、商業應用和娛樂製作。無論是 YouTube 創作者、播客、數碼內容創作者，還是需要為演示文稿和營銷材料配音的專業人士，AnyVoice 都能滿足你的需求。

推薦功能：

- **文本到逼真語音轉換：**
  使用先進的 AI 技術將任何文本轉換為聽起來自然的語音，創建與真人聲音難以區分的引人入勝的內容。
- **多語言支持：**
  支持英語、中文、日語和韓語，提供母語水平的發音和口音。
- **語音自定義：**
  調整音高、速度、情感和風格，以創建最適合你需求的語音。
- **語音克隆：**
  只需 3 秒的錄音即可創建超逼真的語音克隆。

MINIMAX

https://www.minimax.io

推薦指數：★★★★☆

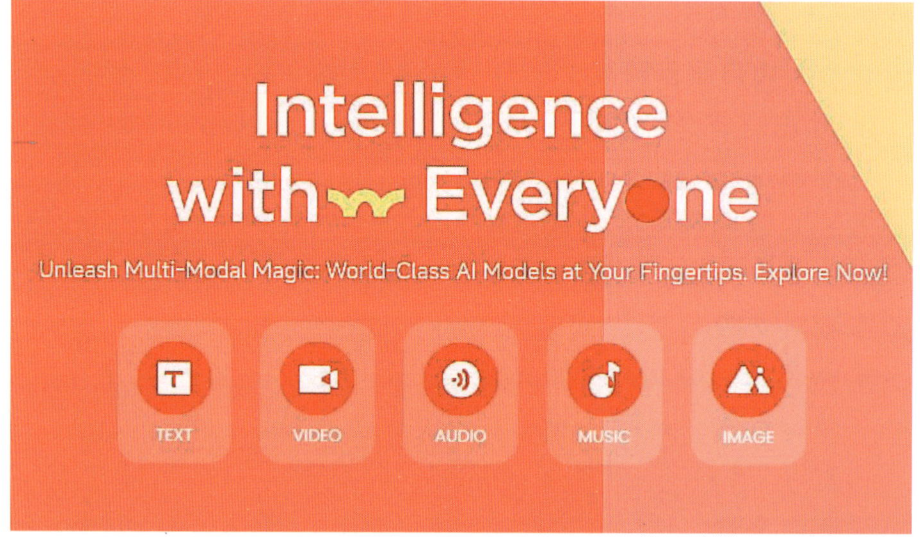

MiniMax 是一家領先的全球科技公司，也是亞洲大型語言模型（LLMs）的先驅之一。該公司的使命是打造一個智慧與每個人共存的世界。MiniMax 開發了各種模態的專有 LLMs，包括開源文本模型、超逼真質量的語音模型（支持多種非英語語言）、音樂、圖像以及著名的視頻模型海螺。憑藉這些模型，MiniMax 推出了多款產品，如 MiniMax Chat、海螺視頻和 Talkie，這些產品在全球 200 多個國家和地區累積了數千萬用戶。

MiniMax 的 API 平台利用多模態通用模型為企業和開發者提供安全、靈活、可靠的 API 服務，幫助企業快速部署 AI 應用。截至目前，MiniMax API 平台已為全球超過 40,000 家企業客戶和個人開發者提供服務，實現了全球 20 多個國家的應用部署。MiniMax 堅持「與用戶共建智慧」的理念，致力於推動通用人工智能技術的新範式變革。

推薦功能：

- **聊天機器人：**

  1. 處理一般文字工作並支援智能搜索與分析，MiniMax 的 AI 助手提供快速搜索和深入分析，能夠快速顯示訊息並提供多步驟推理來應對複雜挑戰。

- **語音功能：**

  1. **聲音克隆**：只需 10 秒的音頻輸入，即可克隆自己的聲音。

  2. **文本轉語音**：MiniMax 提供自然流的語音輸出，適合各種人機交互場景。

  3. **語音隔離器**：可以隔離背景噪音，提取純淨的語音音頻，提高音質。

https://www.narakeet.com

推薦指數：★★★☆☆

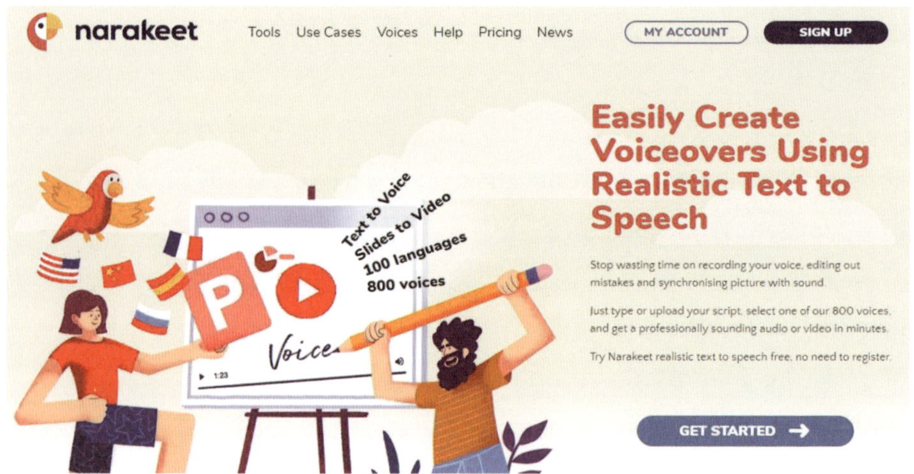

Narakeet 是一款強大的線上文字轉語音視頻製作工具，旨在幫助全球用戶輕鬆創建配音視頻。使用 Narakeet，你可以像編輯文字一樣輕鬆編輯視頻，節省大量時間，不再需要錄製和重新錄製音頻、同步圖

片與聲音，或是轉錄字幕。只需輸入或上傳你的腳本，選擇其中一種聲音，幾分鐘內就能獲得專業級的音頻或視頻。Narakeet 提供免費試用，無需註冊，即可體驗其真實的文字轉語音功能。這款工具非常適合內容創作者、教育工作者和行銷人員，能夠有效提升內容的吸引力和傳達效率。

值得注意的是，Narakeet 是少有支援 AI 廣東話生成的人工智能平台！

推薦功能：

- **文字轉音頻：**
  使用 Narakeet 的線上語音生成器，可以將 Word 文件轉換為 MP3、WAV 或 M4A 格式的音頻。這個工具支持 800 種聲音和 100 種語言，非常適合創建有聲書或音頻對話。
- **幻燈片轉視頻：**
  這個功能允許你將 PowerPoint 或 Google 幻燈片轉換為帶有旁白的視頻。可以輕鬆添加背景音樂，並將幻燈片轉換為適合 YouTube 和社交網絡的視頻。
- **Markdown 轉視頻：**
  使用 Markdown 語法輕鬆創建帶有旁白的視頻。這個工具支持添加圖片、音樂，並自動生成字幕。它還允許你像編輯文字一樣輕鬆編輯視頻。
- **開發者 API 和命令列工具：**
  Narakeet 提供 API 和命令列工具，讓你可以批量生產不同語言版本的視頻。

PlayAI

https://play.ht

推薦指數：★★★★★

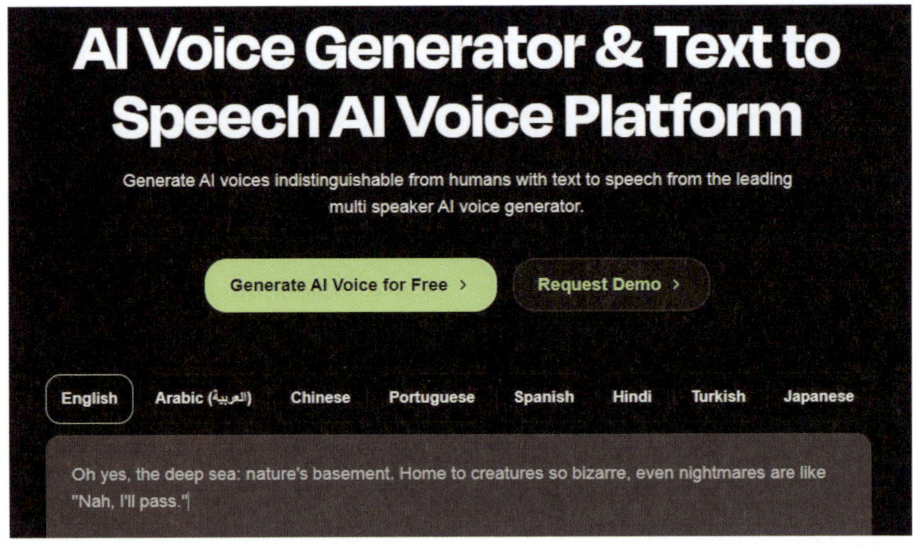

PlayAI 是一家提供高品質文字轉語音合成的公司。它使用最逼真的人工智能聲音，支援幾乎所有語言。該平台透過領先的多揚聲器人工智能語音產生器，產生與人類難以區分的人工智能聲音。使用者只需輸入、貼上或匯入文字，即可透過線上文字轉語音編輯器立即將其轉換為音訊，使用者還可以利用語音風格來增強音訊效果。PlayAI 提供超過 206 種自然發聲的文字轉語音聲音，涵蓋 142 種語言和口音，並提供富有表現力的情感語氣，使聲音聽起來更自然、更具吸引力。

PlayAI 的應用廣泛，包括為影片提供清晰、一致且專業的旁白，適用於行銷、產品演示和 YouTube 影片。透過超逼真的聲音無縫且有效地旁白有聲書，縮短製作時間。PlayAI 還提供語音產生 API，可用於支援對話式聊天機器人、直播和遊戲，從而縮短開發時間和成本。

推薦功能：

- **超逼真 AI 聲音：**
  PlayAI 提供超過數百種自然聽感的 AI 聲音，涵蓋 142 種語言和口音，確保音頻體驗的多樣性和豐富性。這些聲音能夠捕捉語氣、情感和語調，產生接近人類語音的效果。
- **語音克隆：**
  用戶可以克隆自己的聲音或創建專門為其需求量身訂做的 AI 聲音。這項功能可以確保品牌形象一致性，並增強用戶參與度。
- **API 整合：**
  PlayAI 提供 API，便於與現有系統和應用程式進行整合，讓開發者能夠在項目中利用 PlayAI 的強大語音功能。
- **文字轉語音編輯器：**
  PlayAI 的文字轉語音編輯器允許用戶輕鬆地將文字轉換為高品質的語音檔案，並可根據需要以 MP3 和 WAV 格式保存檔案。

https://ttsmp3.com

推薦指數：★★★★☆

TTSMP3.com 提供一款免費的多語言文本轉語音工具。它能夠將英語文本輕鬆轉換成高品質的 AI 生成語音，並且完全

免費。

這個工具採用先進的AI技術，能夠生成自然流暢的語音。使用者可以將轉換後的語音直接在線收聽，或是下載為MP3文件，非常適合用於電子學習、演示、YouTube視頻製作以及提升網站的可訪問性等應用場景。

這個工具的使用簡單方便，讓你輕鬆地將文本轉換為真實自然的語音。

推薦功能：

- **AI 語音：**
  網站提供多個英語AI語音選項，可以選擇不同男女口音，讓文字轉語音的效果更自然、更貼近需求。
- **下載 MP3：**
  你可以輕鬆將轉換後的語音下載為MP3檔案，方便離線收聽或用於其他用途。
- **額外功能客製化語音：**
  網站提供額外功能，讓你能夠進一步客製化語音效果，可能包括調整語速、音調等，以達到更理想的輸出效果。

https://www.uberduck.ai

推薦指數：★★★★☆

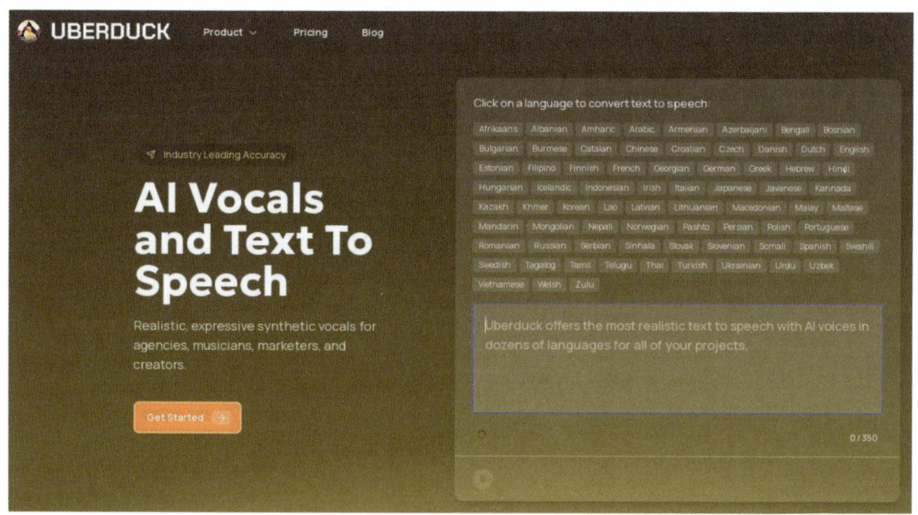

Uberduck.ai 是一個專注於文字轉語音（TTS）技術的平台，讓用戶能夠創造出逼真的音頻內容。這個平台擁有豐富多樣的聲音庫，允許用戶將書面文字轉換成聽起來非常自然的語音。Uberduck.ai 的功能包括文字轉語音、語音克隆、以及 AI 説唱（Rap）生成等，支持多種語言和聲音風格。這使得它在社交媒體、音樂製作、影視配音等領域中非常受歡迎。用戶可以輕鬆地在網站上輸入文字，選擇喜愛的聲音，生成高品質的音頻文件。Uberduck 還提供 API 供開發者整合到自己的應用中，讓語音合成變得更加便捷和有趣。這個平台讓你可以用自己喜愛的聲音來表達想法和情感，為創意和娛樂場景帶來新的可能性。

推薦功能：

- **音頻應用：**

  1. 文字轉語音：將書面文字轉換成自然流暢的語音，可以選擇多種聲音風格和人物聲音。

  2. 聲音克隆：使用短音頻片段即可克隆聲音。

  3. 聲音生成：使用 AI 助手創造原創聲音。

  4. 聲音轉換：使用 AI 將一種聲音轉換成另一種聲音。

  5. 説唱生成器：生成帶有 AI 人聲的説唱歌曲。

  6. 説唱無伴奏：在指定的節奏下生成説唱人聲。

- **圖像應用：**

  1. 圖像生成：根據文字描述創造驚艷的圖像。

  2. 圖像克隆：使用 AI 技術克隆和重建圖像。

訊飛聽見

https://fanyi.iflyrec.com

推薦指數：★★★★★★（作者 6 星推薦！）

訊飛聽見是一個智能辦公服務平台，主要專注於語音轉文字和多語言翻譯服務。該平台在各種場景下表現出色，提供高效的轉錄和字幕創建，以及對簡歷、合同、專業文件等文檔的翻譯服務。透過這個平台，你可以輕鬆地將語音轉換成文字，並享受多語言間的無障礙溝通。此外，訊飛聽見還提供實時錄音轉文字、AI 寫作等功能，讓你的工作更加高效。

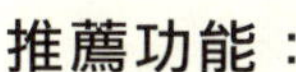

推薦功能：

- **全面的翻譯平台：**
  訊飛聽見提供多種語言的翻譯服務，包括中、英、日、韓等多種語言互譯，滿足你不同的翻譯需求。
- **音訊與文字轉換：**
  訊飛聽見能夠實現音訊與文字之間的快速轉換，無論是錄音還是現有音訊檔案，都能輕鬆轉換成文字稿。
- **即時錄音與翻譯：**
  平台支援即時錄音和翻譯功能，讓你在會議、訪談等場合能夠同步記錄並翻譯內容，非常實用。
- **文檔翻譯：**
  訊飛聽見支援文檔上傳和全文自動翻譯，無論是簡歷、合同還是專業論文，都能快速獲得翻譯結果。
- **訊飛譯製影片翻譯：**
  獨特的訊飛譯製功能，能夠自動為影片生成字幕，讓影片內容更容易被理解和傳播。
- **文本翻譯：**
  提供便捷的文本翻譯功能，只需輸入文字，即可快速獲得翻譯結果，並支援一鍵複製。

https://murf.ai

推薦指數：★★★☆☆

AI Voice Infrastructure that Powers Enterprises

Build audio experiences at scale with Murf's AI voice generator. Our ethically developed text-to-speech model delivers ultra realistic voices through studio, API, and localization tools - streamlining voiceovers for enterprises.

Open Studio
Contact Sales
View API Specs

American voice
Middle-aged

British voice
Young adult

American voice
Young adult

Australian voice
Young Adult

It's Friday night. Grill's hot. Steak's ready. It's juicy, it's ten

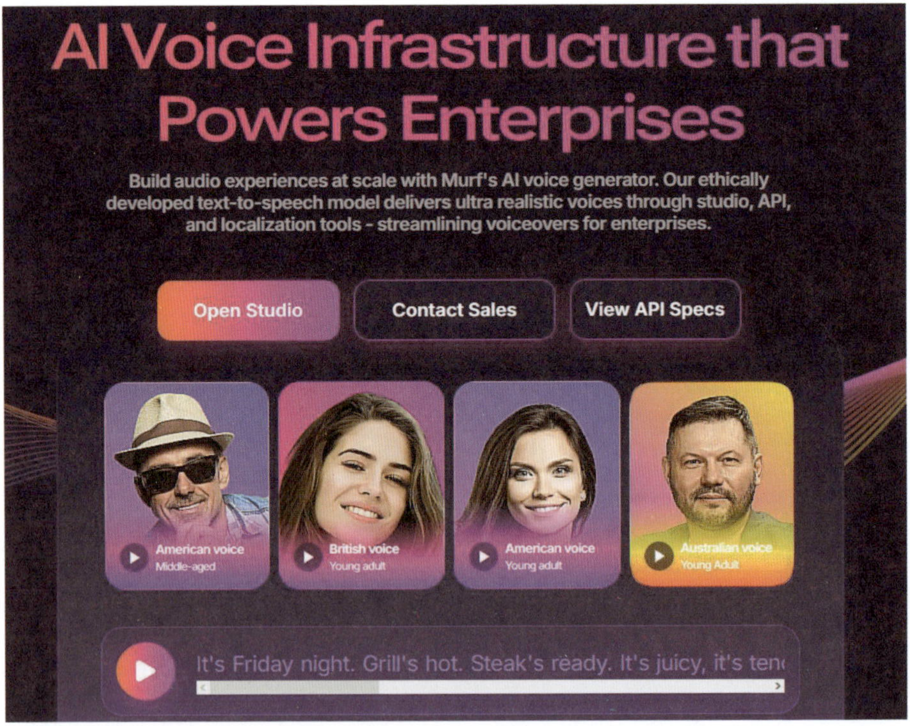

Murf Studio 能夠讓用戶為多種應用場景生成逼真的人工智能語音。這些應用包括電子學習、YouTube 影片、播客、軟體與應用程式示範、行銷與廣告、電話系統、有聲書、遊戲、產品與解釋影片，以及企業學習等等。Murf 提供超過 200 種真實人聲，橫跨 20 多種語言，讓用戶能夠輕鬆選擇適合自己項目的語音風格。此外，Murf 的語音克隆技術可以幫助企業建立一致的品牌音色，而 AI 配音系統則能夠快速地將內容翻譯和配音，以便在全球範圍內傳播。這些功能使得 Murf 成為內容創作者和企業的理想選擇，能夠節省時間和成本，並提升內容的質量和影響力。

推薦功能：

- **文字轉語音：**
  Murf 允許你將文本轉換為逼真的語音，適用於多種語言和應用場景，如播客、視頻、電子學習等。
- **語音克隆：**
  提供真實語音克隆技術，讓你建立一致的品牌音色。
- **AI 配音：**
  支持超過 20 種語言的配音服務，幫助你的商業故事在全球範圍內傳播。
- **語音變換器：**
  提供 200 多種語音選擇，讓你輕鬆變換自己的聲音，適用於個人或商業用途。
- **Murf API：**
  讓你的數字平台通過 API 輕

鬆整合多種語音，為你的網站或應用程序添加專業的語音效果。

- **語音轉錄：**
  可以將語音轉錄為文本，方便進一步編輯和使用。
- **語音風格調整：**
  允許你調整語音的音調、速度和風格，以滿足不同的需求。
- **口音生成器：**
  Murf 的口音生成器允許你在 20 多種語言中選擇 130 多種自然 AI 語音，包括多種口音，如英國、美國、澳大利亞、印度英語等，以及西班牙、法國、葡萄牙和中文的不同口音。
- **視頻翻譯器：**
  Murf 的視頻翻譯工具可以在 10 多種語言中進行視頻翻譯。
- **PowerPoint 配音：**
  Murf 的 PowerPoint 插件讓你可以直接在 PowerPoint 中創建專業質量的配音，無需額外的錄音設備或後期處理。
- **視頻配音：**
  Murf 提供了 200 多種語音選擇，讓你可以輕鬆地為視頻添加配音。

8 Chapter 音樂 GenMusic

創新與變革的交響曲

AI 音樂生成平台正深刻地改變著創作者們製作和與音樂互動的方式。這些平台運用先進的演算法和機器學習技術，讓用戶能輕鬆地創作、編輯和生成音樂，往往無需具備豐富的音樂知識。這種技術的崛起，不僅拓展了音樂創作的可能性，也為音樂產業帶來了新的商業機會。AI 音樂生成平台的核心技術主要依賴於機器學習和深度學習。這些技術使得 AI 系統能夠學習和模仿不同風格的音樂，從古典樂到流行樂，甚至是電子音樂。通過分析大量的音樂數據，AI 系統可以識別出音樂的模式和結構，並根據這些模式生成新的音樂作品。在 AI 音樂生成平台上，創作過程變得更加簡單和直觀。用戶可以通過簡單的操作，如選擇風格、調整節奏和旋律，來生成符合自己想法的音樂。這種方式不僅降低了創作的門檻，也使得音樂創作變得更加高效。無論是業餘愛好者還是專業音樂人，都能夠在這些平台上發揮自己的創造力。AI 音樂生成技術的興起為音樂產業帶來了新的商業機會。例如，廣告公司和電影製片廠可以使用 AI 生成的音樂來節省成本和時間。同時，這項技術也引發了對音樂版權和創作權的思考。隨著 AI 生成的音樂越來越多，如何確定音樂的創作權和版權將成為一個重要的課題。隨著 AI 技術的不斷進步，音樂生成平台將會更加強大和多樣化。未來，AI 可能會與人類音樂家合作，共同創作出新的音樂作品。這種合作不僅會提升音樂的創造力，也會為音樂產業帶來新的商業模式和機會。

https://www.aiva.ai

推薦指數：★★★★☆

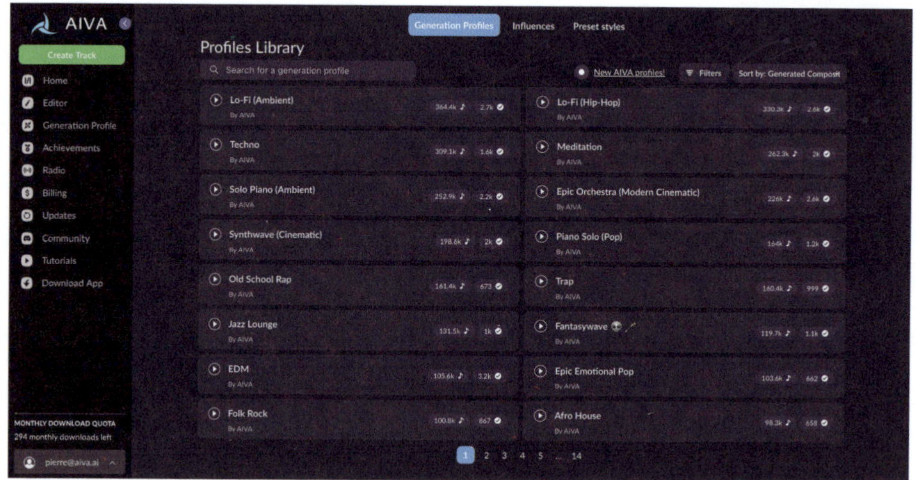

Aiva 是一個 AI 音樂生成助手，讓你能夠在幾秒鐘內創作出超過 250 種風格的新歌曲。不論你是音樂創作的初學者還是資深專業人士，都可以利用 Aiva 的生成 AI 技術來創作自己的歌曲。這個平台提供了極高的自定義能力，讓你可以創建自己的風格模型、上傳音頻或 MIDI 影響，並編輯生成的曲目。Aiva 還提供了多種計畫選擇，讓你可以根據自己的需求選擇合適的方案，並且可以在不受版權限制的情況下進行音樂的商業化。

推薦功能：

- **音樂轉音樂：**
  允許你上傳音樂作為參考，以創建類似風格的音樂。
- **音樂編輯器：**
  可以編輯生成的曲目，客製化音樂。
- **風格設計師：**
  讓你設計自己的音樂風格。

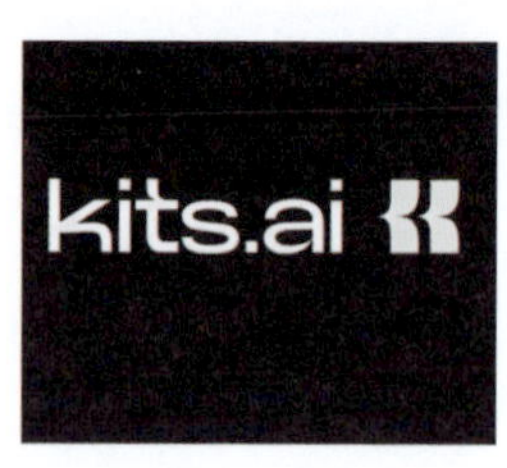

https://www.kits.ai

推薦指數：★★★★☆

Kits.ai 是一個創新的音樂平台，專為音樂家設計，提供一系列的 AI 音頻工具，以簡化音樂製作流程。這個平台允許你使用官方授權的藝術家聲音和免版稅選項，讓你可以像任何歌手一樣唱歌，並且可以克隆任何人的聲音。它提供了多種功能，包括人聲分離、樂器轉換、AI 母帶製作等，所有生成的音樂都是 100% 免版稅的。

你可以在任何時間、任何地點創建錄音棚級別的音頻，並且可以在不需要實際錄音會議的情況下與他人合作。Kits.ai 的 AI 歌唱克隆功能讓你可以在任何風格下演示你的聲音。這個平台的工具涵蓋了音樂製作流程中的每一步，從音調校正、人聲分離到聲音母帶製作，幫助你將音樂製作流程提升。

推薦功能：

- **聲音克隆：**
  你可以創建任何人的數字聲音克隆，讓你在音樂中使用你喜歡的聲音。
- **AI 歌唱生成器：**
  選擇來自 75 多位免版稅藝術家的聲音庫，為你的音樂選擇完美的聲音。
- **人聲分離器：**
  從歌曲中分離人聲、去除回音和混響等功能，讓你輕鬆地進行混音。
- **母帶處理：**
  提升你的音樂質量，讓它聽起來像錄音棚級別的作品。
- **聲音合成：**
  允許你將兩個 AI 聲音合成一個全新的、獨特的聲音。
- **聲音設計師：**
  根據你的需求設計一個獨特的聲音，選擇不同的特徵來創造你想要的聲音。
- **聲音變體：**
  對你的聲音進行微妙或顯著的改變，創造出多樣的聲音風格。
- **Kits Earn：**
  創建一個聲音模型並開始通過它賺取被動收入。
- **樂器庫：**
  使用錄音棚級別的樂器來草擬你的音樂想法。

https://musicfy.lol

推薦指數：★★★★☆

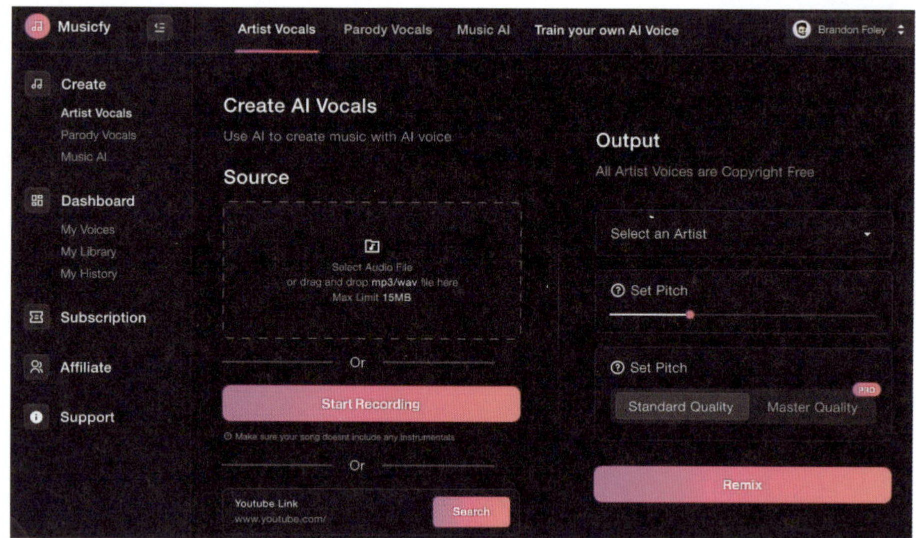

Musicfy 是一個分析和處理音訊的網站。使用者可以上傳自己的聲音，或者使用平台上的免版稅聲音庫。接著，人工智能會將這些聲音轉換成任何歌手的聲音，或者將完整的歌曲分離成獨立的音軌，例如鼓、人聲、貝斯等。Musicfy

擁有多項創新功能，旨在強化你的音樂創作能力，例如使用者可以探索 Musicfy 的免版稅人聲收藏，為歌曲帶來新的聲音，使用者可以輕鬆上傳自己的聲音，建立一個聽起來像你的人工智能模型。Musicfy 的介面可以確保你輕鬆地將音樂想法付諸實現，並提供無盡的音樂類型可能性。這個平台可以節省寶貴的時間、簡化協作，並確保藝術視野的無縫銜接。此外，Musicfy 允許你將文字和情感轉化為優美的歌曲，並使用不同的聲音重新製作任何歌曲，以增加樂趣。

推薦功能：

- **語音複製克隆：**
  使用者可以建立一個克隆自己的人工智能模型。
- **文字轉音樂：**
  將文字和情感轉化為歌曲。
- **歌曲產生器：**
  輕鬆創作原創歌曲。
- **語音轉換：**
  使用人工智能將你的聲音轉換成其他聲音。
- **文字轉樂器：**
  利用文字產生樂器音樂。
- **API 整合：**
  將 Musicfy 的功能整合到其他應用程式中。

Stable Audio

https://stableaudio.com

推薦指數：★★★★★

Stable Audio 是由 Stability AI 開發的音樂生成產品，其使命是為創作者提供工具，以增強音樂創造力。使用 Stable Audio，你可以為自己的項目創作原創音樂 —— 如果你是 Pro 用戶，可以用於商業項目；如果你是 Basic 用戶，可以用於非商業項目。例如，你可以將生成的音樂用作自己的音樂樣本。

推薦功能：

- **文字轉音樂：**
  讓你透過輸入文字描述來生成音樂。
- **提示詞庫：**
  提供各種提示範例，協助你更好地使用文字轉音樂功能。
- **音訊轉音訊功能：**
  讓你透過輸入音訊來生成新的音訊。

SUNO

https://suno.com

推薦指數：★★★★★★（作者 6 星推薦！）

Suno 是一款革命性的 AI 音樂生成平台，旨在打造一個人人都能創作優秀音樂的未來。無論你是淋浴時的歌手還是排行榜上的藝人，Suno 都能幫助你打破創作音樂的障礙，讓你夢想中的歌曲變成現實。這個平台不需要任何樂器，只需你的想象力就能將你的想法轉化為完整的歌曲。Suno 利用 AI 技術，讓音樂創作變得人人可及，無論你是否具備音樂專業知識，都能輕鬆創作出高品質的音樂作品。

推薦功能：

- **文字轉音樂：**
  通過文字描述生成音樂。
- **支援中文：**
  支援中文歌詞和音樂創作。
- **AI 歌詞：**
  利用 AI 創作歌詞。
- **歌詞轉音樂：**
  根據歌詞生成音樂。

案例分享：只需輸入提示詞，選擇風格、樂器及人聲等，Suno 就能生成一首音樂。這首歌以簡單的歌詞和輕快的曲風，教導小朋友們關於光合作用的知識。

案例分享

Uppbeat

https://uppbeat.io

推薦指數：★★★★★

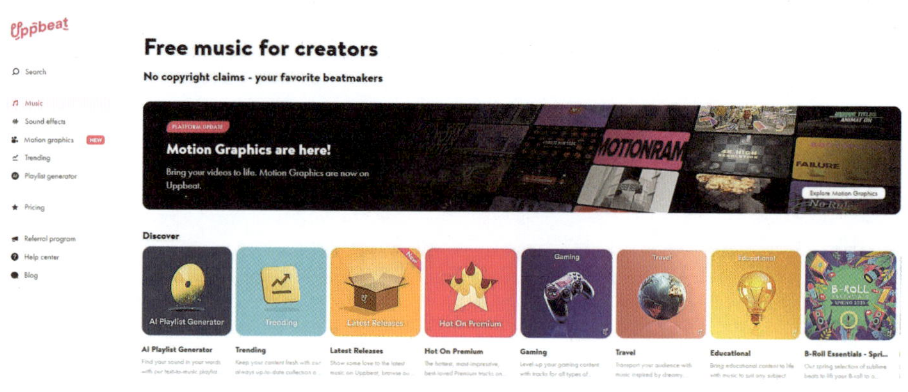

Uppbeat 是一個為創作者而設的免版稅音樂平台。它提供超過 10,000 首來自世界頂級獨立音樂家和作曲家的免版稅音樂曲目，你只需一個免費的 Uppbeat 帳戶，即可瀏覽其音樂庫並下載完美的配樂。Uppbeat 上的所有音樂皆為免版稅音樂，讓創作者可以安心使用於其創作中。

Uppbeat 提供多樣化的音樂選擇，包括最新的發布、熱門精選和各種主題播放清單。無論你是遊戲玩家、旅行愛好者還是教育內容創作者，都能在這裡找到適合你內容的音樂。Uppbeat 還提供 AI 播放清單生成器，你只需輸入文字，即可找到符合你需求的音樂。

此外，Uppbeat還提供音效和動態圖形等資源，讓你可以更豐富你的創作內容。這個平台也與許多創作者合作，推薦他們精選的音樂，為你提供更多靈感。

推薦功能：

- **AI播放清單產生器：**
  通過文字敘述來找到你想要的音樂。
- **免費音效：**
  提供各式各樣的免費音效。
- **音樂庫：**
  提供多種音樂選擇。

網易天音

https://tianyin.music.163.com

推薦指數：★★★★★

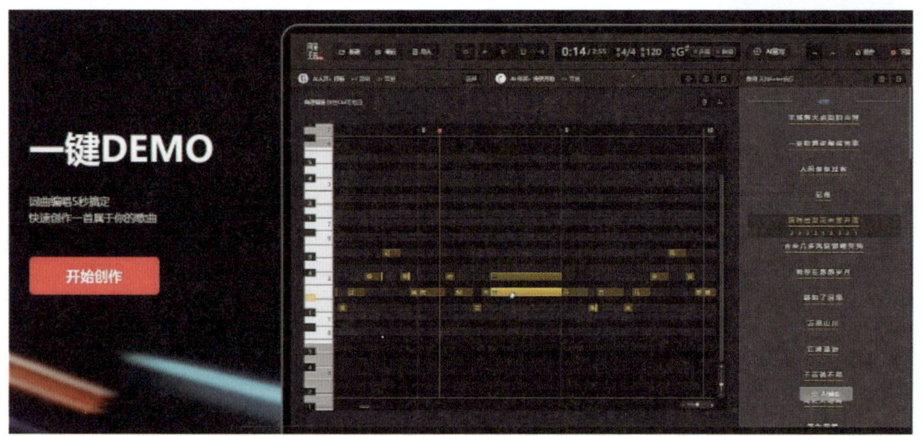

網易天音是網易獨立開發的全鏈 AI 音樂創作工具，整合了歌詞、作曲、編曲和演唱。它旨在為音樂人提供實用且可靠的輔助創作能力，助力華語音樂界持續產出優秀作品。該平台提供 AI 編曲、AI 一鍵寫歌和 AI 作詞等功能，通過和弦模板、海量風格和智能填詞等工具，極大地提升了音樂創作的效率和靈感。

推薦功能：

- **AI 編曲：**
  提供和弦模板和海量風格，AI 音樂生成，以極速創作音樂。
- **AI 一鍵寫歌：**
  整合歌詞和作曲，能夠一鍵搞定詞曲編寫。
- **AI 作詞：**
  提供靈感輔助，智能填詞。

9

Chapter

影片 GenVideo

AI 視頻生成平台的力量

AI視頻生成平台正以其創新的技術革新視覺內容的創作方式。這些平台利用人工智能技術，從多種輸入源中生成視頻，包括文字提示、圖像，甚至現有的視頻片段。通過自動化和加速視頻創作過程，AI 視頻生成平台提供了許多傳統視頻編輯軟件需要大量時間和專業知識才能實現的功能。

AI 視頻生成平台的主要功能：

1. **自動化視頻創作**

   AI 視頻生成平台的核心功能之一是自動化視頻創作。用戶只需輸入簡單的文字提示或上傳圖像，平台就能生成高質量的視頻內容。這種功能尤其適合需要快速創作視頻的企業或個人，例如為營銷活動或教育內容創建解釋視頻。

2. **風格轉換和動畫化**

   這些平台還能將靜態圖像或現有視頻轉換為動態視頻，並提供風格轉換功能。例如，將真實視頻轉換為動漫風格，或將照片通過動態圖形增強效果。這些功能使得視頻內容更加豐富多彩，適合不同使用場景。

3. **多國語音生成與翻譯**

   AI 視頻生成平台通常具備多國語音生成和翻譯功能，能夠自動為視頻生成多種語言的旁白和字幕。這使得企業能夠輕鬆跨越語言障礙，拓展國際市場。

4. **可定制模板和字幕**

   大多數 AI 視頻創作工具都提供豐富的模板和字幕功能。用戶可以選擇適合不同主題和格式的模板，並輕鬆添加字幕以增強視頻的可理解性和 SEO 排名。

AI 視頻生成平台的優勢：

1. 效率提升

AI 視頻生成平台大大減少了視頻創作所需的時間。傳統方法可能需要數小時甚至數天，而 AI 工具可以在幾分鐘內生成高質量視頻。

2. 成本效益

這些平台消除了傳統視頻製作的高昂成本，如租用設備和聘請專業人員，使得個人和小型企業也能負擔得起視頻製作。

3. 易於使用

AI 視頻生成工具具有友好的使用界面，即使對視頻製作完全陌生的人也能輕鬆上手。這降低了創作者的技術門檻，使任何人都能創作視頻。

4. 大規模個性化及可擴展性

AI 驅動的視頻生成允許大規模個性化，能夠根據不同用戶的需求生成定制化內容。這在營銷領域尤其有用，能夠與消費者建立更深入的聯繫。同時，AI 視頻生成工具可以進行大規模生產，這使得企業在短時間內需要大量視頻時非常有用。

未來趨勢

隨著 AI 視頻生成技術的不斷進步，未來的視頻創作將更加智能化和自動化。這些平台將繼續整合更多創新功能，如更先進的風格轉換和動畫技術，進一步提升視頻內容的質量和多樣性。同時，AI 視頻生成也將在教育、廣告和娛樂等領域發揮重要作用，為用戶提供更豐富、更具互動性的視覺體驗。

CapCut

https://www.capcut.com

推薦指數：★★★★★★（作者 6 星推薦！）

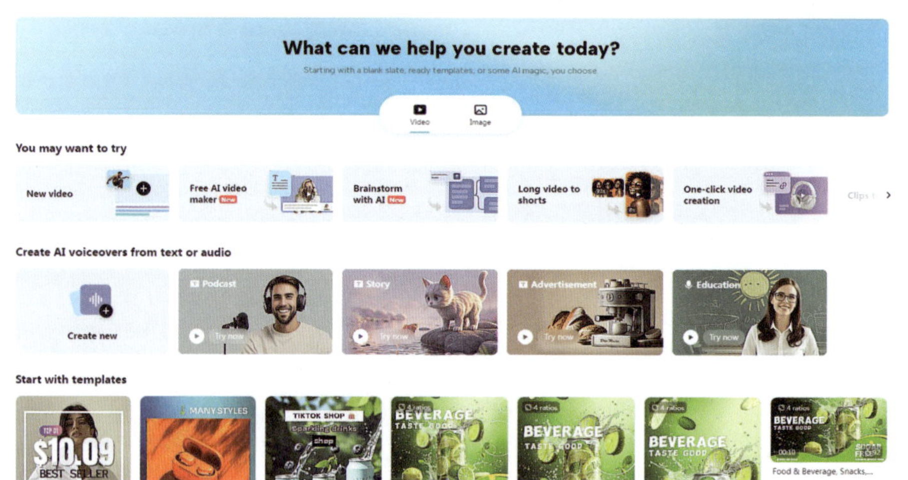

CapCut 是一款免費的全方位視頻編輯工具，提供應用程式和線上版本，以滿足所有視頻製作需求。它內含多種智能工具，如背景移除、影片穩定、慢動作效果等，並支持 AI 影像生成、自動字幕和語音轉換等功能。CapCut 的桌面版支持複雜的視頻編輯，具有穩定的效能和友好的介面。如果你下載內地版本的剪映（www.capcut.cn），其桌面端軟件還包含一鍵成片、自動配音等功能。CapCut 的國際版已經發展得非常強大，提供了豐富的編輯選擇，適合各種用戶需求。使用 CapCut，你可以輕鬆地在桌面、筆記型電腦、瀏覽器或手機上創作和分享視頻。

推薦功能：

- **AI 圖像 / 影片 / 音訊工具包：**
  利用 AI 技術，簡化影片編輯流程，提供更多創意可能性。
- **素材轉影片：**
  將圖像、影片片段快速轉換為完整的影片。
- **一鍵影片生成：**
  快速生成影片，適合需要快速製作影片的用戶。
- **AI 語音旁白：**
  使用 AI 技術生成自然的語音旁白，讓影片更生動。
- **長影片轉短片：**
  將長影片精華剪輯成短片，適合在社交媒體上分享。
- **從模板開始：**
  使用現成的模板，快速製作專業級影片。
- **生成腳本：**
  點擊幾下即可生成影片腳本。
- **自動字幕：**
  自動識別不同的語言，並生成高精度字幕，從而提高你的編輯效率。
- **文字轉語音：**
  一鍵將任何文字轉換為自然的語音。

Clipfly

https://www.clipfly.ai

推薦指數：★★★☆☆

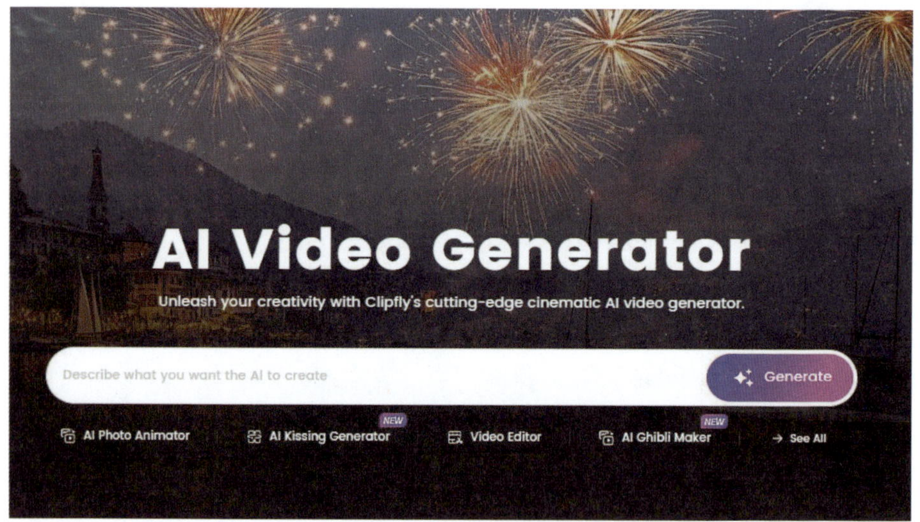

Clipfly 是一款簡單卻功能強大的線上影片編輯平台，由一群擅長尖端技術的資深工程師組成的團隊所開發。這個平台支援多種影片格式，並提供豐富的影片處理功能，讓你輕鬆剪輯影片、添加特效和濾鏡、調整音頻、新增文字和字幕等。無論是為社交媒體、個人項目還是行銷用途，Clipfly 都能滿足你對高品質影片的需求。它的使用介面簡潔直觀，讓任何人都能輕鬆完成複雜的影片編輯工作，並取得最佳的視覺效果。Clipfly 的開發團隊致力於提供全面、優質且高效的影片編輯服務，使其成為你影片編輯的最佳一站式解決方案。

推薦功能：

- **影片編輯工具：**
  提供剪輯、裁剪、添加文字、音樂、過渡效果、濾鏡等基本編輯功能。
- **AI 視頻生成器：**
  可以將靜態圖片轉換為動畫視頻，並將文本轉換為吸引人的視頻內容。
- **AI 視頻增強器：**
  使用 AI 技術提升視頻質量，自動調整亮度、飽和度、對比度等參數。
- **AI 照片動畫製作器：**
  讓靜態照片動起來，為照片添加動畫效果。
- **AI 虛擬人：**
  使照片說話，通過自然語音合成技術為靜態圖像添加語音。
- **媒體庫：**
  提供豐富的貼紙、圖片、音樂和文本效果，供你在視頻中使用。
- **吉卜力（宮崎駿動畫室）風格生成器：**
  可以將靜態圖片或視頻轉換為吉卜力風格。
- **背景移除工具：**
  輕鬆移除視頻背景，替換為其他背景。

https://chromewebstore.google.com/search/deepsrt

推薦指數：★★★★☆

 chrome 線上應用程式商店

DeepSRT 

DeepSRT: Experience the Fastest YouTube Summaries and Live Captions in 2025

5.0 ★ (61 個評分)　分享

擴充功能　工具　10,000 使用者

DeepSRT 是一款專為 Google Chrome 開發的瀏覽器擴充工具，旨在提升你在 YouTube 的觀影體驗。它採用極簡化的設計，提供多語言智能摘要和即時 AI 雙語字幕等功能。DeepSRT 可以在影片播放時於側邊欄顯示摘要和字幕，支援多種語言，包括英文、中文、日文、韓文等。這些功能不僅幫助你快速掌握影片核心內容，還能讓你輕鬆跨越語言障礙，享受來自世界各地的影片內容。無論是學習外語、研究學術內容，還是觀看海外 YouTuber 的影片，DeepSRT 都能為你帶來無與倫比的便利。

推薦功能：

- **即時 AI 雙語字幕：**
  DeepSRT 可以在 YouTube 影片中即時生成雙語字幕，讓你可以同步閱讀原文與翻譯內容，無論是學習外語還是觀看外語影片，都能提升你的理解效率。
- **多語言智能摘要：**
  這款工具能夠快速生成影片的多語言摘要，幫助你在短時間內掌握影片的核心內容，節省時間並提高效率。
- **支援多種語言：**
  DeepSRT 支援多種語言，包括英文、中文、日文、韓文等，讓你可以輕鬆觀看來自世界各地的影片內容。
- **免費安裝，簡單易用：**
  DeepSRT 是一款免費的 Chrome 擴充工具，安裝簡單，幾分鐘內即可啟動使用。
- **優化低性能設備：**
  DeepSRT 對低性能設備進行了優化，確保字幕生成速度流暢，不會影響觀影體驗。

https://www.genmo.ai

推薦指數：★★★☆☆

Genmo 是一家總部位於加州的商業公司，專門利用人工智能技術創作視頻和圖像，其核心產品 Mochi 作為開源視頻生成模型，憑藉創新的技術架構與強大功能，正在重新定義 AI 視頻創作的可能性。它為用戶提供了一系列工具和服務，讓你可以從文字或現有的視覺素材中生成視頻和圖像。這些工具不僅能夠幫助用戶創作動畫和短片，還能將靜態圖片轉換為動態影片。此外，Genmo 的平台簡單易用，無需專業技能就能輕鬆操作，非常適合內容創作者、設計師和藝術家使用。Genmo 的強大功能和創意生成能力，讓你可以快速實現自己的創意想法，並在各種平台上分享作品。

推薦功能：

- **高保真運動生成：**
  採用 10 億參數的非對稱擴散變換器（AsymmDiT）架構，能生成每秒 30 幀、符合物理規律的流暢動作，尤其在人物表情與肢體動作上突破「恐怖谷效應」。
- **精準提示對齊：**
  通過先進的文本理解算法，實現複雜場景描述到視頻細節的高度還原，例如能準確呈現「戴紅色羊毛摩托車頭盔的太空人在鹽漠中探險」的電影預告片場景。
- **高效壓縮技術：**
  整合視頻壓縮模型，將原始視頻尺寸壓縮至 1/128 而不損失畫質，大幅提升生成效率。
- **開源項目及 API 整合：**
  Mochi 不僅提供模型權重與源代碼，更支持開發者自定義微調訓練參數及整合至第三方應用程序。

Goku AI

https://gokuai.org

推薦指數：★★★☆☆

Goku AI

Create Videos with Goku AI's Video Generator

Pro Version　Basic Version

Gallery of Goku AI Creations

Be inspired by the amazing video results achieved with Goku AI

Goku 基於先進的校正流 Transformer 架構，提供了卓越的視頻生成能力，為質量和效率設立了新的標準。由於 Goku 並非收費模型，因此其平台介面及用戶體驗整體比較平實，感覺像是一個實驗平台。

3 步快速入門 Goku AI：

1. 選擇生成模式

○選擇視頻作為生成模式，以便開始創建你的視頻。目前有兩個版本，分別為專業及基本。

2. 上傳圖像或輸入文本提示

○**文本到視頻生成**：在提示框中輸入最多 200 個字的描述，然後點擊生成視頻。詳細且描述性的提示能夠產生最佳效果。

○**圖像到視頻生成**：上傳你選擇的圖像到圖像輸入欄位，然後在同一文本框中輸入描述性提示。點擊生成視頻即可將靜態圖像轉化為動態視頻。

3. 調整設定以優化結果

推薦功能：

- **文本到視頻生成**
- **圖像到視頻生成**
- **擁抱視頻生成：**
  上傳兩張個人圖片，然後 AI 可以將兩人擁抱在一起。
- **提示詞增強功能：**
  通過語義分析，分析用戶的文本提示，系統可以識別出關鍵詞匯和意圖，從而生成更符合用戶需求的視頻內容。

Haiper

https://haiper.ai

推薦指數：★★☆☆☆

Haiper 是一家位於倫敦國王十字區的人工智能研究和產品公司。他們的團隊成員是機器學習、工程和產品設計領域的專家。他們相信技術的作用是為創造力帶來活力。他們與才華橫溢且好奇的人們一起釋放人類的創造力。Haiper 是由 Google DeepMind、TikTok 的前員工和頂尖學術研究實驗室創立，將最前沿的機器學習與一種信念結合在一起，即創造力應該是有趣、令人驚訝和可分享的。這塑造了他們構建 Haiper 的創新方法，使其成為一個強大、行業無關的創意工具，以樂趣、可分享性和社群為中心。Haiper 正在構建影片創作人工智能產品，旨在幫助個人創造性地表達自己，從而輕鬆地在各種社交媒體平台上傳遞有趣、引人入勝且易於產生共鳴的內容。

推薦功能：

- **使用文字 / 圖像 / 草圖 / 影片創建影片：**
  這個功能允許你使用多種媒體形式，如文字、影片、圖像或草圖，輕鬆地創建出豐富多彩的影片內容。它提供了一種高度可定制的創作體驗，讓你可以將想法快速轉化為視覺化的故事。
- **動畫化你的圖像：**
  這個功能可以將靜態圖像轉變成生動的動畫，為你的視覺內容增添動感和趣味。無論是簡單的圖形還是複雜的插圖，都可以通過這個功能變得更加吸引人和互動。
- **影片增強器：**
  這個工具可以提升影片的質量和視覺效果，讓你的影片看起來更加清晰、鮮活和專業。它可以自動調整亮度、對比度、顏色等參數，同時也可能提供額外的特效選項，以增強整體視覺體驗。

KLING AI

https://klingai.com

推薦指數：★★★★★★（作者 6 星推薦！）

Kling AI 可靈是由中國科技公司快手科技開發的先進文字轉視頻模型。它利用尖端的 3D 時空注意力機制，能夠從文字提示生成高度逼真的視頻，且其能力常常超越同行競爭對手。這個平台允許用戶通過簡單的文字或圖片提示快速創建高品質的短片，滿足多樣化的創作需求。用戶可以在 Kling AI 官網註冊帳號，並獲得每月固定數量免費生成視頻的機會。這項技術對於自媒體創作者、設計師、教育者和電商企業來說，都是提升創作效率的重要工具。Kling AI 的功能包括生成長達 10 秒的視頻，並提供多種解析度選擇，讓用戶能夠輕鬆地創作出符合不同需求的視頻內容。

目前 Kling AI 算是全網 GenVideo（影片生成）中能力最為出眾的一個平台，值得嘗試！

推薦功能：

- **圖像 / 視頻 / 聲音：**
  利用人工智能技術生成圖像、視頻和聲音內容。
- **AI 特效：**
  提供多種人工智能特效，豐富視頻內容。
- **視頻編輯器：**
  內置視頻編輯工具，方便你對生成的視頻進行修改和調整。
- **唇形同步（Lip Sync）：**
  支持唇形同步技術，使虛擬人物的口型與聲音完美匹配。
- **AI 服裝和虛擬模特：**
  提供人工智能服裝和虛擬模特功能，方便你創建更具吸引力的視頻內容。
- **擴展：**
  支持影片擴展功能，提供更多創作可能性。
- **支持微信小程序：**
  可在微信小程序中使用，方便快捷。
- **手機應用程式：**
  提供手機應用程式版本，讓你隨時隨地進行創作。

案例分享：上傳一張圖片，數分鐘即可生成一段創意影片！

https://ltx.studio

推薦指數：★★★★☆

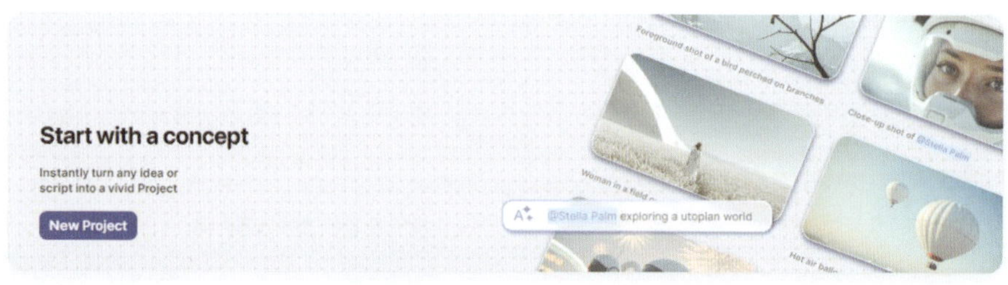

LTX Studio 是一款由以色列知名軟件公司 Lightricks 開發的 AI 電影製作和視頻短片生成平台，包辦創作者從構思階段到影片生成的全過程。這個創新工具允許用戶僅需通過輸入簡單的文本描述，就能生成故事版及電影視頻，尤其適合用於彙報。LTX Studio 的核心功能能夠將創意快速轉化為視覺故事，並簡化影片製作的複雜流程。只需要輸入簡單想法或完整腳本，LTX Studio 的 AI 技術會根據你的輸入內容自動生成詳細的分鏡板，幫助你視覺化整個故事的流程和結構。無論是個人創作者、小型工作室還是專業製作團隊，LTX Studio 都能提供前所未有的便利，讓影片製作變得更加高效和創意。

推薦功能：

- **分鏡板生成：**
  LTX Studio 可以根據用戶的文本描述自動生成詳細的分鏡板，幫助你快速構建影片的整體框架和故事流程。
- **圖像 / 視頻生成：**
  這個平台可以將簡單的文字提示轉化為高品質的視頻內容，包括背景、角色和特效等。
- **訓練 AI 演員：**
  創建真實、統一且可重複使用的角色模型，LTX Studio 允許你創建和定制角色，確保在整個影片中保持一致的外觀和行為。
- **多人協作：**
  LTX Studio 支持多人協作，允許創意團隊在同一平台上實時合作，提升工作效率。

https://www.media.io

推薦指數：★★★★☆

Media.io Create Edit Resources Pricing

AI Video Generator

Ideas to Videos in Seconds. Create, Edit, Elevate – All in One.

Enter your ideas to generate a stunning video.

Generate Now

Text to Video Image to Video Video To Anime Video Editor Discover More >

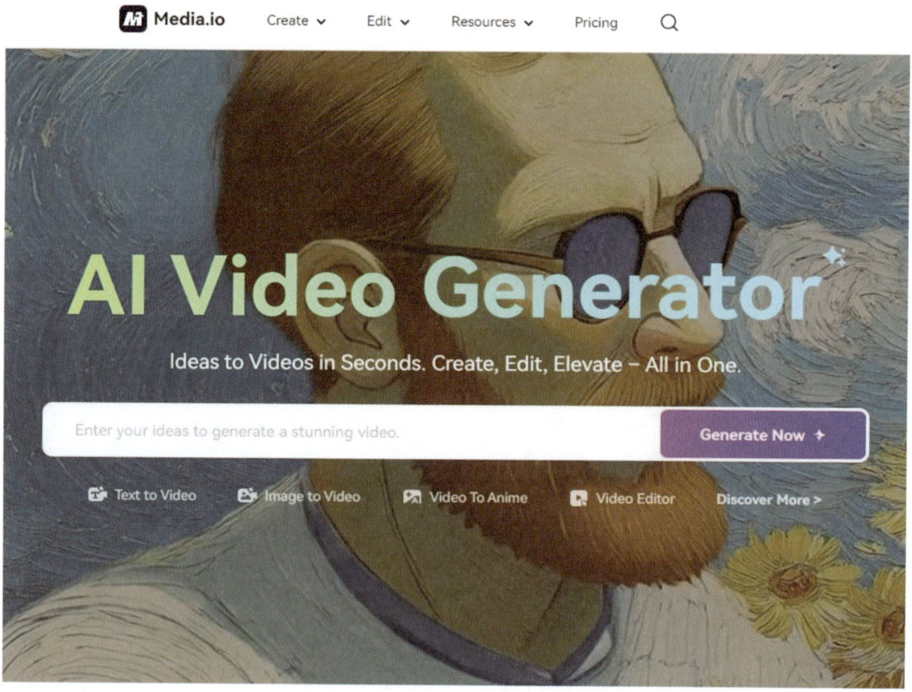

Media.io 是一個多功能的線上媒體處理平台，專為內容創作者提供一系列 AI 驅動的工具，以提升視訊、音頻和圖像的質量。這個平台提供了多種格式的視訊和音頻轉換工具，包括

mp4、mp3、mov、mkv、avi、wav 等，讓你輕鬆地編輯和轉換媒體檔案。這些工具非常適合各類創作者，無論是從事商業、營銷、社交媒體還是娛樂產業的人士，都能夠利用 Media.io 的 AI 工具提升創作水平。

此外，Media.io 還提供了 AI 驅動的視訊生成器，讓你可以在移動設備上創建驚艷的視訊內容，並可在 iOS 和 Android 平台上使用。如果你想深入了解 Media.io 的 AI 技術和視訊創作過程，可以訪問他們的 YouTube 頻道，觀看幕後解析和教程。

推薦功能：

- **AI 影片工具：**
  視訊轉動漫、圖像轉視訊、文字轉視訊、視訊格式轉換、會説話的照片等。
- **AI 圖像工具：**
  圖像生成器、頭像生成器、文字轉圖像、圖像轉圖像、人像生成器、護照照片製作器、AI 桌布、AI 年齡濾鏡等。
- **AI 音訊工具：**
  音訊生成器、文字轉音樂、AI 配音、AI 聲音克隆、歌曲混音、音樂生成器、AI 歌唱聲音生成器、手機鈴聲製作器等。
- **免費線上編輯工具：**
  視訊編輯器、浮水印移除、視訊增強、添加音樂、添加文字、視訊剪輯、視訊裁剪、圖像編輯器、照片人物性別轉換、修圖、鬍子濾鏡、圖像提高解析度、人臉編輯、移除視訊雜音、文字轉語音、聲音轉換器、移除音訊雜音、音訊增強、人聲移除、音軌分離等等。
- **其他實用工具：**
  視訊壓縮器、音訊壓縮器、圖像壓縮器、螢幕錄影、錄音、URL 轉視訊等等。

https://app.pictory.ai

推薦指數：★★★☆☆

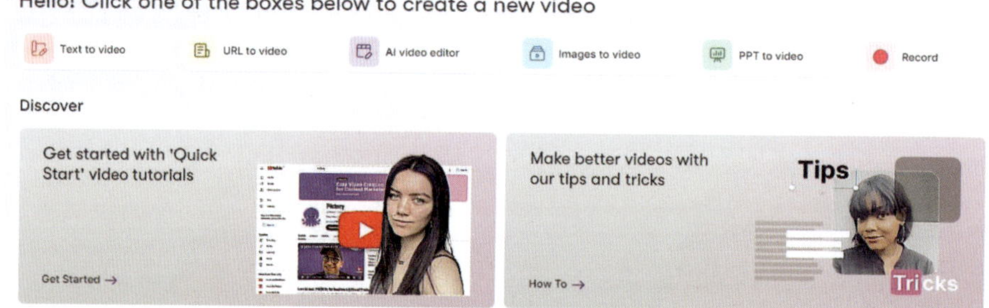

Pictory.ai 能將網址、文字、圖片和簡報轉換成令人驚豔的影片。你只需上傳內容，它的人工智能便會自動生成具有旁白、音樂、字幕和品牌元素的專業品質影片，而且只需幾分鐘。Pictory.ai 的創建者身為多產的內容創作者，他們意識到許多企業擁有大量的長篇內容，像是部落格、白皮書、文章、演示和網路研討會。然而，現今大眾所消費的卻是短篇影片！因此，他們思考著，如果能利用人工智能將長篇內容轉換成數百個短篇多媒體內容，會怎麼樣呢？這樣不僅能解決產生新內容的問題，還能透過影片提高社群媒體上的參與度。

他們於 2019 年在西雅圖的

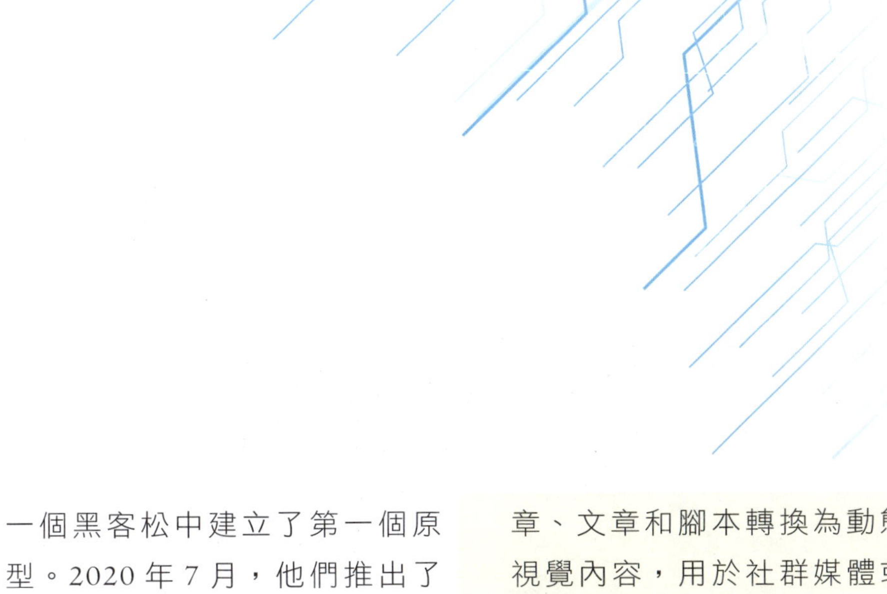

一個黑客松中建立了第一個原型。2020 年 7 月，他們推出了第一個版本的產品。自那時以來，他們對 Pictory 進行了多次更新，並持續傾聽客戶的意見並進行創新。他們的使命是將冗長轉化為視覺簡潔。

推薦功能：

- **文字 / 網址 / 圖片 /PPT 轉影片：**
  立即將網址、文字、圖片和簡報轉換為引人入勝的影片。非常適合將部落格文章、文章和腳本轉換為動態視覺內容，用於社群媒體或簡報，既吸引人又易於理解。
- **AI 影片編輯器：**
  使用 AI 驅動的工具輕鬆編輯影片。以智能編輯選項更快地建立專業品質的影片，節省你的時間和精力。
- **智慧錄製：**
  輕鬆捕捉螢幕活動，用於教學、演示或簡報。非常適合以高品質錄製螢幕上的動作，隨時可以分享。

https://pika.art

推薦指數：★★★★★

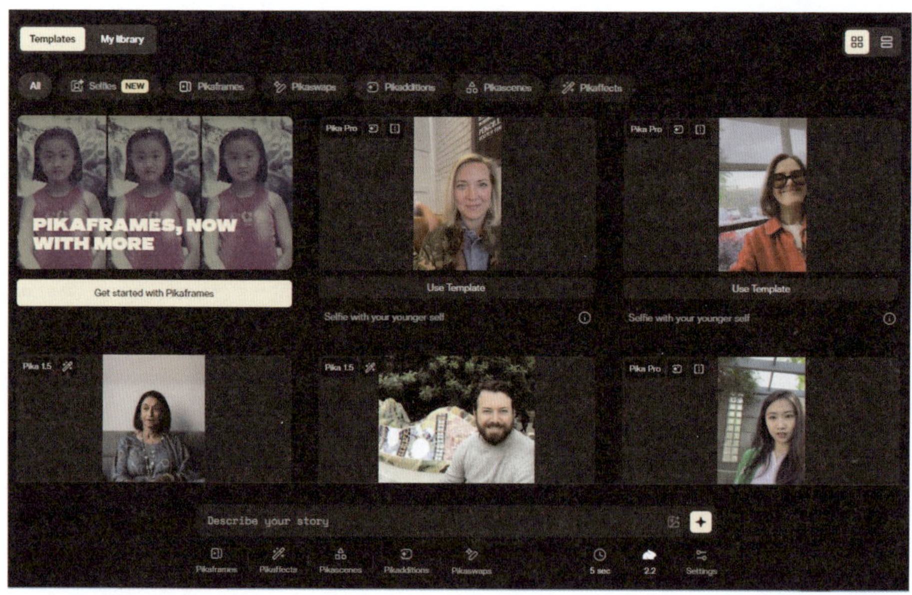

Pika Art 是一個運作於創意和數位媒體產業的「想法轉視頻」平台。這個網站的主要服務是將創意想法轉化為動態視頻，讓用戶能夠輕鬆地將他們的構思變成視覺內容。Pika Art 提供了一個直觀的界面，使用者只需輸入簡單的文字描述，便能生成高品質的視頻，這些視頻可用於社交媒體或其他創意項目。

Pika Art 的特色包括：

- **簡單易用：**
  用戶可以透過自然語言輸入來創建視頻，無需專業的技術背景。
- **多樣化的功能：**
  平台提供多種工具，如 Pikaframes、Pikaswaps 和 Pikadditions，讓用戶能夠進行創意編輯和內容增強。
- **高品質輸出：**
  最新的 Pika2.2 版本支持高達 10 秒的視頻生成，並提供 1080p 的解析度，確保視頻質量優良。

這個平台不僅適合內容創作者，也適合電影製作人和數位藝術家，幫助他們在短時間內創造出引人入勝的視頻內容。無論是想要實現現實主義的視頻還是超現實的視覺效果，Pika Art 都能滿足用戶的需求。

推薦功能：

- **文字轉視頻：**
  用戶可以將文字描述轉換為動態視頻，這使得創作過程變得簡單直觀。
- **圖像轉視頻：**
  這個功能允許用戶將靜態圖像轉換為視頻，為原始創作增添動感。
- **Pikaswaps：**
  用戶可以在視頻中替換或修改物體，這使得視覺編輯變得更加靈活和有趣。
- **Pikadditions：**
  這個功能允許用戶在現有視頻中添加新物體或角色，無需高深的編輯技巧。
- **Pikascenes：**
  用戶可以根據簡單的文字描述或圖像提示創建全新的視頻場景，開啟無限的創意可能性。
- **Pikaffects：**
  能夠為視頻和圖像添加有趣和超現實的效果，提升視覺吸引力。
- **手機應用程式：**
  Pika Art 提供手機應用程式，讓用戶隨時隨地創作和編輯視頻，方便快捷。

https://app.pixverse.ai

推薦指數：★★★★☆

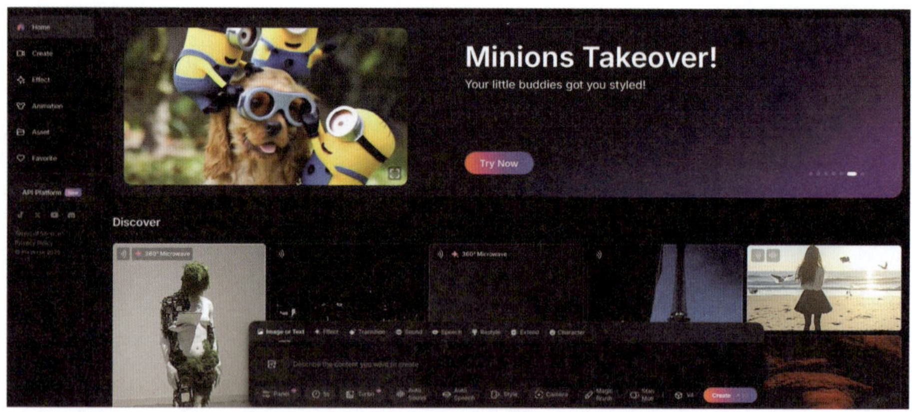

PixVerse 是你的創意伴侶，能將普通的照片和影片轉變成非凡的人工智能內容。無論你想為圖片添加有趣的效果，還是從文字創建完全獨特的視頻，這個平台都能將你的想像力變為現實。通過簡單的操作，PixVerse 可以根據你輸入的文字或上傳的圖片，生成各種風格和主題的高質量影片，讓你輕鬆創作出引人入勝的視頻內容。無論是為社交媒體、教學或個人專案，PixVerse 都能幫助你快速生成適合不同用途的視頻。

推薦功能：

- **影片特效：**
  為你的影片增添各種視覺效果，讓作品更具吸引力。
- **動畫：**
  創作動畫內容，賦予你的想法生動的呈現方式。
- **文字生成影片：**
  通過文字描述生成影片，將文字轉化為視覺故事。
- **圖像生成影片：**
  利用圖像生成影片，讓靜態圖片動起來。
- **角色動畫影片：**
  創建角色動畫影片，使角色栩栩如生。
- **手機應用程式：**
  隨時隨地使用，方便快捷地進行創作。
- **API 平台：**
  提供 API 接口，方便開發者將 PixVerse 的功能整合到自己的應用程式中。

runway

https://www.runwayml.com

推薦指數：★★★★★

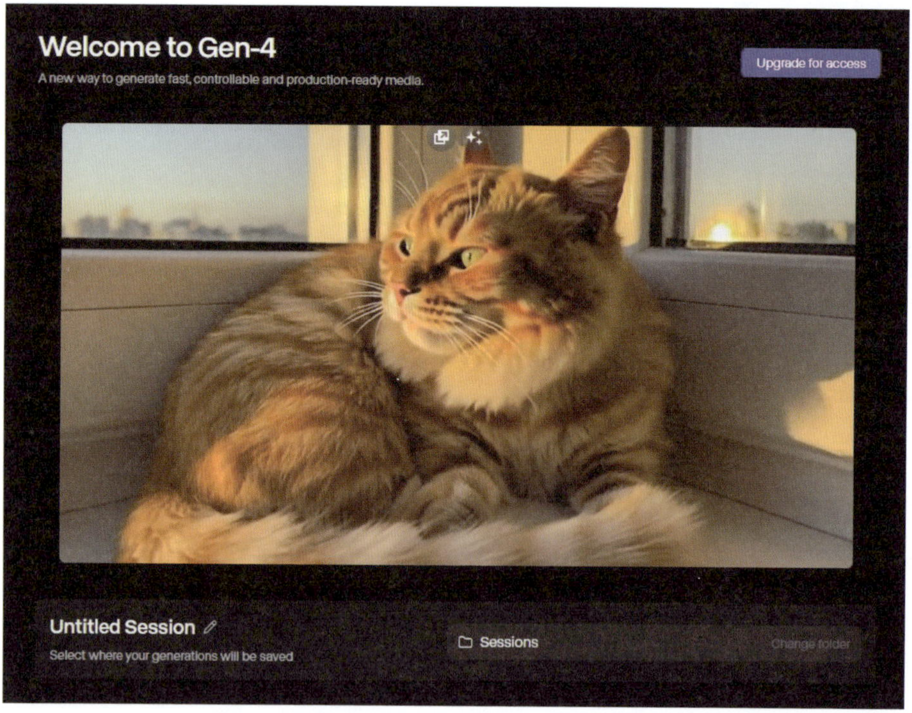

Runway 專為視頻和圖像製作的創意人士和專業人士設計。這個多功能工具提供了一系列功能，讓用戶可以輕鬆地創建、編輯和增強視覺內容。通過 Runway，你可以使用文字或圖像生成視頻和圖片，並對現有的內容進行修改和增強。該平台提供了 30 多種 AI 魔法工具，包括生成視頻、圖像、音頻等功能，並支持與其他流行的創意軟件進行無縫集成。無論是專業的視頻製作人員、設計師、藝術家，還是對 AI 和創意感興趣的人，Runway 都能為你提供一個簡單易用而又強大的工具箱。它的使命是降低內容創作的障礙，讓每個人都能使用 AI 工具去創作。

推薦功能：

- **文字 / 圖像轉視頻：**
你可以使用文字或圖像來生成全新的視頻內容。
- **唇形同步視頻：**
讓視頻中的人物口型與音頻完美同步。
- **生成音頻：**
利用 AI 生成獨特的音頻素材。
- **視頻 / 圖像 AI 魔法工具包：**
提供一系列強大的工具，用於視頻和圖像的編輯、增強和修改。

案例分享：只要上傳一張圖片，添加簡單的提示詞，天星小輪就能變成一艘飛向天空的船隻。

https://www.skyreels.ai

推薦指數：★★★★★

SkyReels 可以將想法轉化為工作室品質的創作，只需幾分鐘。從劇本編寫和故事板到影片創作、配音、音效、音樂和編輯，所有這些都由一個無縫平台中的 AI 驅動。它還可以自動導入故事板或影片剪輯，以簡化短片創作過程，節省時間和精力。SkyReels 使用先進的 AI 工具生成令人驚嘆的視覺效果和影片，將簡單的文字提示轉化為動態內容，並為你的影片添加逼真的畫外音和完美的唇形同步，從而提高影片的品質和真實性。它還提供強大的編輯工具來微調你的創作，以確保每一幀都符合你的願景。

SkyReels 能夠從想法到執行，簡化你的故事講述之旅，利用 AI 生成的劇本、角色一致性、多集連續性以及可控的表達和動作，確保敘述的連貫性和吸引力。SkyReels 也能夠生成針對你的故事主題量身定制的引人入勝的結構化劇本，為引人入勝的 IP 短片奠定基礎，確保你的角色在跨場景和劇集中保持一致的外觀、情感和動作，以實現無縫的故事講述。

推薦功能：

- **文字 / 圖像轉影片：**
  只需點擊一下，即可將文字或圖像轉化為令人驚艷的個人化影片，簡化你的創作流程。
- **AI 人物生成：**
  創造出獨一無二的角色，並根據你的想法設計他們的服裝、聲音，確保在你的創作中保持一致性。
- **AI 故事板：**
  將你的概念或腳本轉化為豐富細膩的故事板，將文字敘述轉化為視覺故事。
- **唇形同步：**
  自動為你的影片或圖像添加唇形同步，使用自定義的聲音來賦予靜止圖像生命力。
- **文字轉語音：**
  在幾秒內將文字轉化為自然、逼真的語音，適合用於你的影片中。
- **AI 音效生成：**
  使用 AI 創造專業的音效，無需再搜索或處理版權問題。
- **音樂生成：**
  創造出完美的配樂或歌曲來匹配你的影片氛圍或增強設計項目的能量。
- **影片編輯：**
  輕鬆地裁剪、分割、編輯你的影片，並提供旋轉、裁剪、壓縮、重設大小等功能。

TOPVIEW

https://www.topview.ai

推薦指數：★★★☆☆

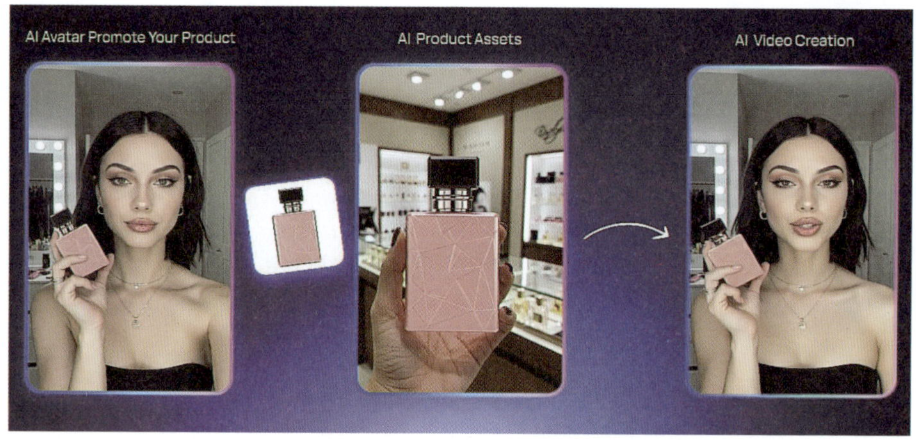

Topview 是一款線上 AI 視頻編輯器，能夠在一鍵之內將你的連結或媒體資源轉化為營銷視頻。它利用 YouTube、TikTok 和 Facebook 廣告庫的力量，成為最佳的 AI 視頻編輯工具，幫助你創建、編輯和增強視頻。Topview 擁有多項先進功能，包括 AI 劇本生成、AI 配音、智能剪輯選擇和編輯等，讓你無需專業編輯技能就能製作出高品質的視頻。該平台支持多種語言，並提供 AI 虛擬角色和自動字幕功能，非常適合電商行銷、社交媒體內容創作和企業培訓等應用場景。無論你是行銷人員還是內容創作者，Topview 都能為你提供理想的解決方案。

推薦功能：

- **行銷視頻：**
  利用虛擬人物展示你的產品或服務，創建引人注目的行銷內容。
- **產品視頻：**
  使用 AI 將產品與虛擬人物結合，適用於各種場景，即時生成產品素材。
- **圖像生成：**
  生成獨特的圖像資源，用於視頻製作和行銷活動。
- **語音生成：**
  生成逼真的語音，為視頻添加專業的配音效果。
- **素材轉視頻：**
  將現有素材快速轉換為吸引人的視頻內容。
- **網址轉視頻：**
  將網址鏈接轉換為引人入勝的視頻，方便快捷地製作視頻內容。

https://www.veed.io

推薦指數：★★★★★

VEED 是一個動態的 AI 線上影片編輯器，旨在簡化各級創作者的影片編輯過程。憑藉其用戶友好的網頁介面和全面的功能套件，VEED 讓你能夠製作出專業品質的影片，而無需廣泛的技術專業知識。你可以輕鬆地錄製螢幕和網路攝像頭，創建教學影片，無論是工作還是娛樂都非常方便。此外，VEED 提供多種功能，如文字轉語音、自動字幕、語音翻譯等，支援超過 50 種語言和 100 種自然語音。這些功能使得 VEED 成為企業、教育工作者和內容創作者的首選工具。

VEED 的優點在於其無需下載軟件，直接在瀏覽器中使用，提供多人協作功能，提高團隊工作效率。然而，對於某些高級編輯功能，VEED 可能不如專業的桌面視頻編輯軟件。總的來說，VEED 是一個非常適合初學者和專業人士的線上影片編輯平台。

推薦功能：

- **錄製影片：**
  擷取你的網路攝影機、螢幕或投影片。
- **製作剪輯片段：**
  從較長的影片中提取精彩片段。
- **AI 配音及翻譯：**
  將你的影片翻譯成任何語言。
- **創建你自己的數字人分身：**
  複製你的聲音和臉部。
- **AI 文字轉影片：**
  從你的文字創建影片。
- **移除背景：**
  一鍵移除背景。
- **產生字幕：**
  一鍵為你的影片新增字幕。
- **投影片轉影片：**
  將沉悶的投影片轉換為引人注目的影片。
- **眼神交流校正：**
  讓你的眼睛始終注視著鏡頭。
- **音訊清理：**
  一鍵獲得錄音室品質的音訊。
- **Magic Cut：**
  利用 AI 快速編輯影片。
- **聲音克隆：**
  複製你的聲音。

VIGGLE

https://www.viggle.ai

推薦指數：★★☆☆☆

Viggle 是一個創新的角色為中心的想法到視頻生成器，讓用戶能夠輕鬆地混合、移動和動畫化圖像，提供了一個全面的解決方案來創建動態且吸引人的視頻。這個平台由 JST-1 驅動，這是第一個具有實際物理理解的視頻 3D 基礎模型，讓任何角色按照你的意願移動。通過 Viggle，你無需複雜的技術知識就能創作出生動一致的角色視頻。

推薦功能：

- **多角色替換：**

  你可以上傳多個角色圖像，將不同的角色放入同一部影片中。這樣，你可以與朋友一起跳舞、重現打鬥場景，或者與你喜愛的電影明星一起演出。使用「mix」功能，你可以將影片中的角色替換成你喜歡的角色，創造出個人化且身臨其境的體驗。

- **動畫化圖片：**

  只需上傳圖片，Viggle 就能幫助你將靜態圖像轉換成動態動畫。這讓你的角色看起來栩栩如生。

- **保持原背景：**

  在替換角色時，Viggle 可以保持原來的背景不變，不需要額外的編輯工作。

- **手機應用程式：**

  Viggle AI 提供手機應用程式，讓你隨時隨地創作和分享你的作品。

https://vmake.ai

推薦指數：★★★☆☆

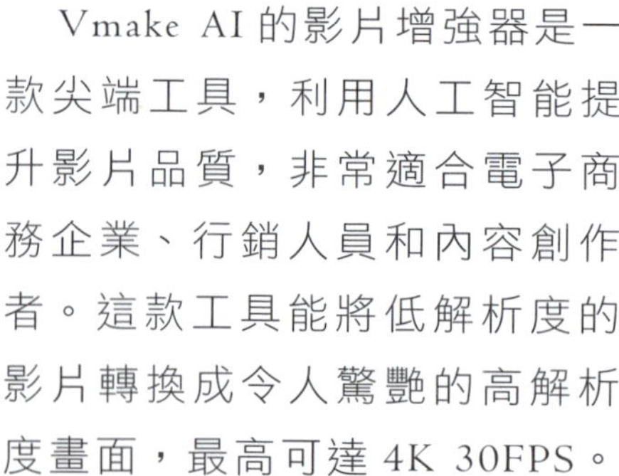

Vmake AI 的影片增強器是一款尖端工具，利用人工智能提升影片品質，非常適合電子商務企業、行銷人員和內容創作者。這款工具能將低解析度的影片轉換成令人驚艷的高解析度畫面，最高可達 4K 30FPS。

透過 Vmake AI 的影片增強器，你可以輕鬆將模糊或老舊的影片注入新生命，提升視覺清晰度和整體外觀，從而為觀眾創造出全新的視覺體驗。這不僅能增強品牌的可信度和互動性，也能提升影片在社交媒體上的影響力。無論是恢復珍貴回憶還是優化行銷策略，Vmake AI 的影片增強器都能幫助你打造引人入勝的視覺內容。

推薦功能：

- **影片 / 圖像增強器：**
  利用 AI 技術將低解析度的影片或圖像提升至高品質，最高可達 4K 解析度。這項功能非常適合內容創作者和電子商務企業，能夠為視覺內容注入新生命。
- **降低雜訊：**
  能夠優化視頻的清晰度，減少雜訊。
- **影片水印 / 物體 / 背景去除器：**
  Vmake AI 提供免費的線上工具，可以自動檢測並去除影片中的水印，尤其適合短片的處理。
- **影片 / 動畫生成：**
  雖然 Vmake AI 主要著重於影片增強，但它的 AI 技術也能用於生成內容。
- **電子商務工具：**
  包括 AI 時尚模特、背景生成器和圖像色彩變換器等功能，能夠幫助時尚電子商務企業創建高品質的視覺內容。
- **手機應用程式：**
  Vmake AI 允許用戶在手機上使用 AI 功能編輯照片和影片。

海螺視頻

https://hailuoai.video

推薦指數：★★★★★

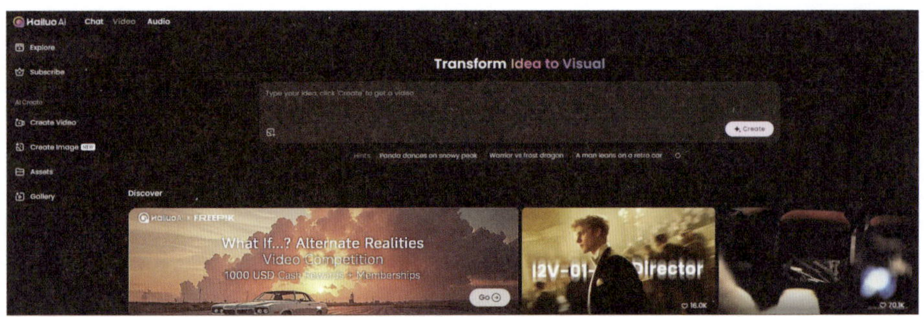

海螺 AI 影片生成器讓你只需幾個簡單的步驟，就能創作出引人入勝的影片。這款工具以其頂級的 AI 技術和自訂功能，讓你輕鬆地將想法轉化為視覺震撼的內容。海螺 AI 特別適合需要快速生成影片內容，但又缺乏專業影片製作技能的用戶，海螺 AI 都能幫助你快速、精確地創作出高品質的影片，它能夠幫助你節省時間和成本，同時提高內容的吸引力和傳播力。

推薦功能：

- **簡單操作：**
只需輸入簡單的文字提示詞或上傳圖片，即可生成高清影片。這使得即使沒有專業背景的用戶也能輕鬆創作出高品質的影片。
- **多樣化風格：**
支持多種影片風格和場景生成，包括動漫、外星人等風格。這讓你擁有更多創意選擇，能夠生成富有創意的高品質視頻。
- **高效合作：**
海螺 AI 的工具非常適合促進團隊合作和加強協作。這使得多人能夠共同創作影片，提升工作效率。
- **人物一致性：**
海螺 AI 的新功能 —— 主體參考，能夠保持人物的面部細節和表情一致性，讓生成的影片更加真實和生動。

https://jimeng.jianying.com

推薦指數：★★☆☆☆

即夢 AI 是由抖音母公司字節跳動開發的創新平台，與聊天機器人豆包同屬姊妹產品。這款平台可以將你的文字和圖像轉化為引人入勝的視頻，讓用戶輕鬆發揮創意並快速生成內容。即夢 AI 作為一種文字轉視頻模型，可以從文字或圖像提示中生成短小、逼真的視頻片段。其最新版本更進一步支持文字嵌圖功能，成功解決了 GenImage（圖片生成）常見的圖片中文字亂碼問題。

然而，香港地區的用戶需要

注意：為了成功註冊即夢 AI，你需要有一個內地手提電話號碼及抖音帳號。

推薦功能：

- **圖像 / 視頻 / 音樂：**
  提供 AI 生成圖像、視頻和音樂的功能。
- **文字轉圖像：**
  允許你通過簡單的文字提示詞生成精美圖片。
- **視頻生成：**
  輸入簡單的文案或圖片，即可快速生成優質視頻片段，並支援文 / 圖生視頻。
- **文字嵌圖：**
  圖片中支援文字生成。

https://aigc.baidu.com

推薦指數：★★★☆☆

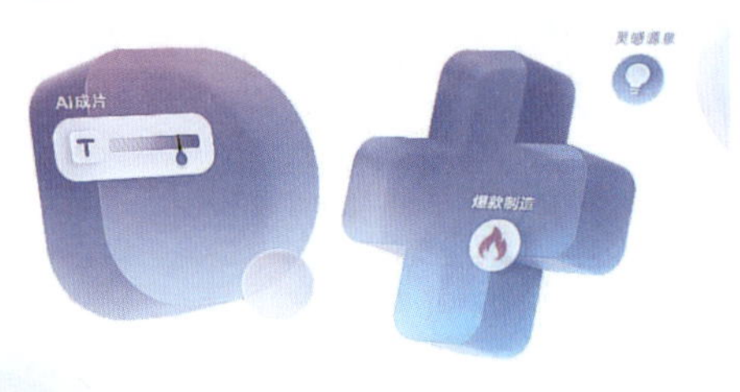

百度 AIGC 是一個人人可用的 AI 創作工具，主打「從靈感到爆款」的理念，其旗下的度加創作工具頗具特色。度加創作工具主要是為知識類內容創作者設計的專業視頻編輯工具，著重提供簡單易用的視頻編輯和創作功能，旨在降低知識類內容創作者的創作門檻，助力他們創作出高質量的作品。

在度加創作工具中，AI 成片功能十分搶眼，它能實現熱搜一鍵成稿、文稿一鍵成片，大大提升創作效率，讓創作快人一步。此外，AI 數字人功能也相當實用，使用者可以免費使用海量數字人資源，一秒生成專屬口播內容，就算不露臉也能成為博主，輕鬆開啟 AI 創作之旅。

然而，香港地區的使用者目前需要使用內地手機號碼才能順利註冊登陸，這個過程可能會稍嫌麻煩。

推薦功能：

- **文字轉影片：**
  具備一鍵成稿功能，AI 成片，能依據熱搜話題快速生成文稿，而後文稿也能一鍵轉成影片。這大大加快了創作流程，讓你無需經歷繁瑣的創作步驟，就能快速完成影片創作，比傳統方式更高效。
- **AI 數字人：**
  擁有海量免費的數字人資源，你只需一秒就能利用這些數字人生成專屬口播內容。就算不想露臉，也能靠此功能成為博主，為內容創作提供了更多可能性。
- **聲音克隆：**
  此功能可以複製聲音。你能利用它在多個影片中保持一致的配音風格，或是模仿特定的說話方式，像是打造獨特的品牌聲音，或是為影片增添專業感，在配音、有聲書製作等領域都很實用。
- **手機應用程式：**
  無論是在外出途中、參加活動，還是不在電腦前，都能創作個性化的內容，極大提升了創作的便利性。

https://www.flexclip.com

推薦指數：★★★★☆

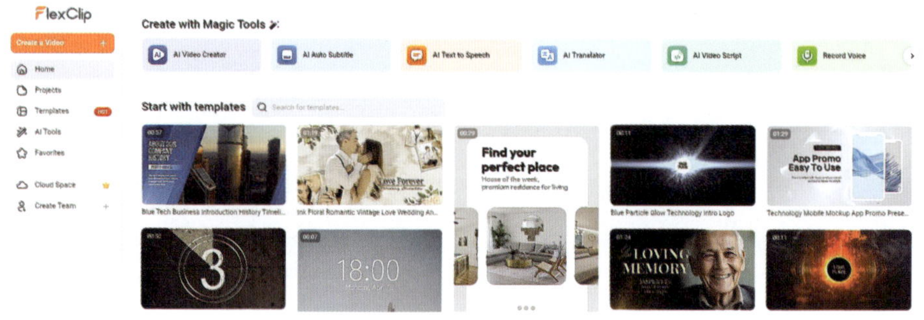

FlexClip 是一款線上影片製作工具，讓任何人都能輕鬆創作專業的影片。它的操作介面簡單直觀，適合所有人使用，無論是新手還是專業人士。FlexClip 的剪輯功能雖然基礎，但實現得很好，能夠滿足你快速製作短片的需求，讓影片看起來很棒，而不需要花費太多時間或具備豐富的拍攝經驗。

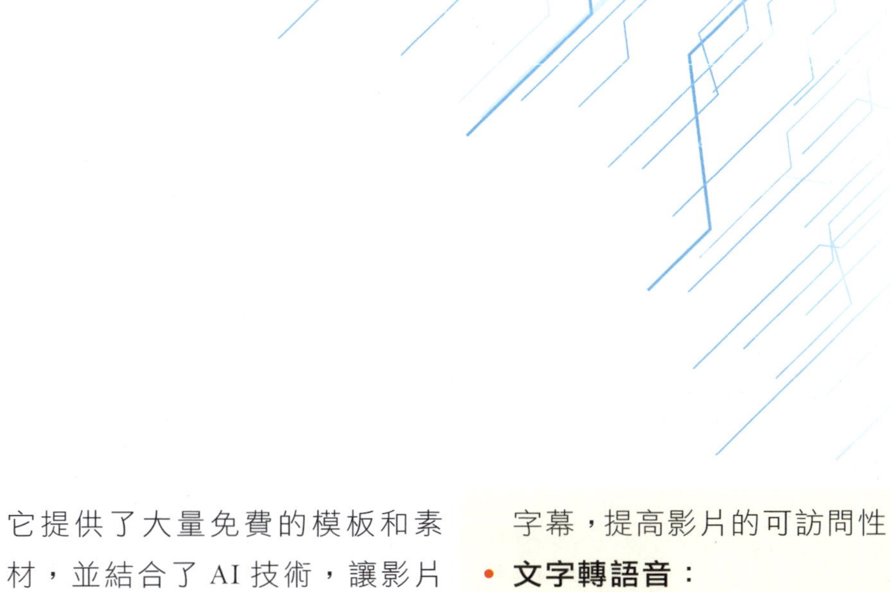

它提供了大量免費的模板和素材，並結合了 AI 技術，讓影片製作變得更加高效和便捷。你可以在 FlexClip 上輕鬆地製作各種類型的影片，包括商業、社交媒體、生活等多種主題的影片。

推薦功能：

- **圖片工具包：**
  提供各種圖片編輯工具，增強你的圖片效果。
- **AI 自動字幕：**
  透過 AI 技術自動識別並生成字幕，提高影片的可訪問性。
- **文字轉語音：**
  將文字轉換成自然流暢的語音，為影片添加旁白。
- **螢幕錄影：**
  輕鬆錄製螢幕畫面，製作教學或演示影片。
- **音樂生成：**
  利用 AI 技術生成獨特的音樂，為影片增添氛圍。
- **圖片換臉：**
  將圖片中的人臉替換成其他面孔，創造趣味效果。

https://lensgo.ai

推薦指數：★★★★☆

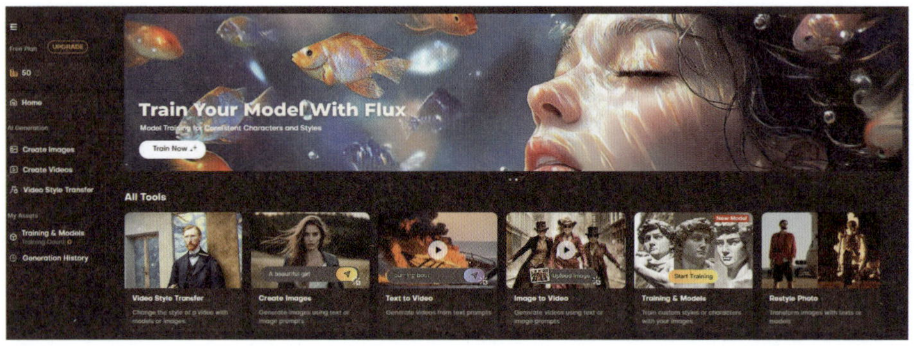

透過簡單直觀的使用者界面，LensGo 提供了多樣化的視頻創作模板和編輯工具，滿足不同場景下的需求，用戶可以選擇多種風格模型來生成圖像和影片，甚至可以訓練自己的 AI 模型以滿足特定需求。目前，LensGo 提供免費使用，但也有一些付費功能。無論是圖片還是影片的創作，LensGo 都能提供令人滿意的效果，讓創作變得更加快速和便捷。

推薦功能：

- **影片風格轉換：**
  使用模型或圖像更改影片的風格。
- **照片重塑：**
  使用文字或模型轉換圖像風格。
- **圖像創建：**
  使用文字或圖像提示生成圖像。
- **文字轉影片：**
  從文字提示生成影片。
- **圖像轉影片：**
  使用文字或圖像提示生成影片。
- **訓練與模型：**
  使用你的圖像訓練客製化的風格或角色。

https://www.basedlabs.ai

推薦指數：★★★★☆

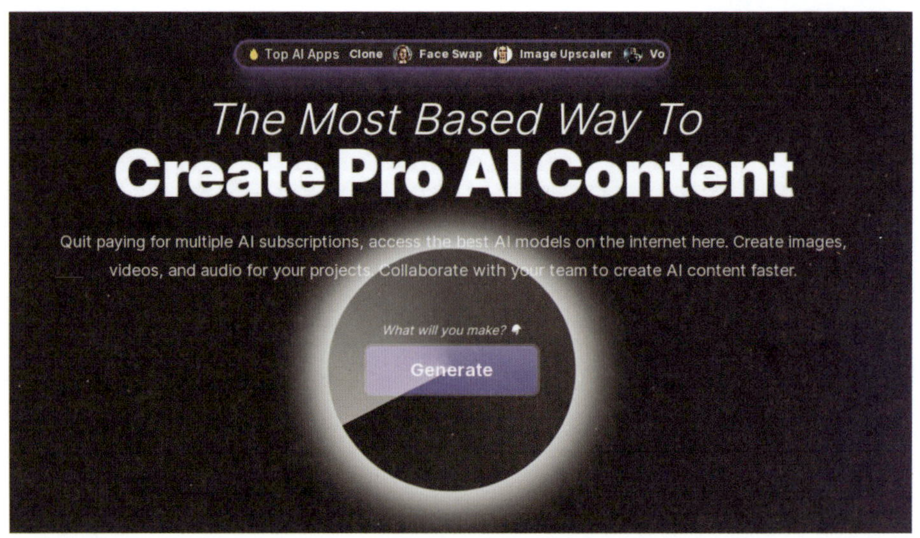

Based Labs 能夠將文字和想法轉化為引人入勝的視覺效果，使視頻創作變得人人可及。這個平台提供多種 AI 工具和模型，讓用戶能夠生成高品質的視頻，並且擁有一個活躍的社群，讓創作者們可以互動和分享作品。平台的工具不僅限於視頻生成，還包括 AI 換臉等功能，讓用戶可以創造出有趣且逼真的內容。這個平台的目標是簡化內容創作過程，提供高

品質的結果，並且對初學者和專業人士都非常友好。

推薦功能：

- **將文字轉換成圖像**。
- **將文字轉換成影片**。
- **臉部替換圖像**。
- **將任何圖像轉換成影片**。
- **虛擬時裝：**
  讓你的角色試穿任何衣服。
- **訂製訓練：**
  創建 AI 網紅，上傳幾張照片即可創建一個容貌一致性的 AI 網紅。

https://codeformer.net

推薦指數：★★☆☆☆

CodeFormer 是一款由南洋理工大學和商湯科技聯合研發的創新型人臉修復模型。它是一種 AI 深度學習模型，能夠將模糊或馬賽克的人臉圖片修復成清晰的原始圖像。CodeFormer 最強的 AI 人臉清晰化去馬賽克、老照片、視頻修復功能，讓它成為修復領域的佼佼者。它不僅可以修復面部，還能高度模擬還原人物臉旁的細節，輸出效果自然逼真。

CodeFormer 適用於修復受損或退化的面部圖像和視頻幀，能夠恢復出自然逼真的面部外觀。

可惜，CodeFormer 暫時僅支持本地部署，需下載其軟件壓縮包方可使用，對於習慣使用在線平台或手機應用程式的用戶，體驗不算良好。

推薦功能：

- **圖像 / 影片修復：**
  CodeFormer 提供強大的圖像和影片修復功能，可以用於修復老照片、去除馬賽克、提升清晰度等。
- **教程：**
  網站也提供中文教程，包括文字及實操視頻教程演示，助你更好地使用這些功能。

https://www.vidu.com

推薦指數：★★★★★★（作者 6 星推薦！）

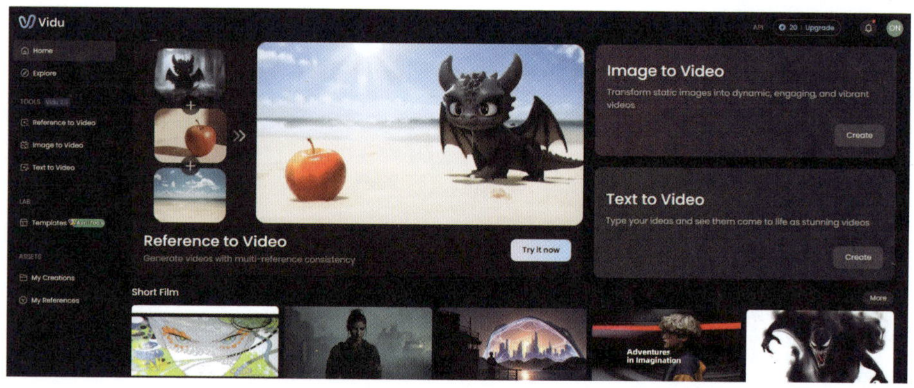

生數科技是一家成立於 2023 年 3 月的全球領先人工智能企業，專注於自主研發多模態通用大模型。該公司以技術創新為核心驅動力，為內容創作者提供高度專業化、多元場景化的 MaaS（模型即服務）與應用級產品。

通過旗下產品如 Vidu，生數科技的業務覆蓋互動娛樂、廣告行銷、影視動漫、文旅等多個領域，全球覆蓋 200 多個國家和地區。Vidu 是生數科技聯合清華大學發佈的 AI 視頻生成大模型，能夠讓你輕鬆地將想法轉化為視頻。只需點擊一下，Vidu AI 就能快速生成視頻。該平台提供多種 AI 視頻範本，允許你不需要任何提示就能創建AI擁抱和AI親吻視頻。此外，Vidu還支援自訂視頻設置，包括時長、運動幅度和解析度等參數，以滿足你的需求。通過Vidu，任何人都能輕鬆生成AI視頻，享受創意無限的樂趣。

推薦功能：

- **快速文本轉影片：**
  Vidu AI的免費文本轉影片工具，能夠快速將你的文本轉化為高品質的影片。無論是電影腳本還是短篇段落，Vidu都能在幾秒內生成1080p解析度的影片，讓你輕鬆發揮創意。
- **圖像轉影片：**
  只需上傳圖像，Vidu AI的圖像轉影片工具就能立即將其轉化為高品質的AI生成影片。你可以自訂起始和結尾幀，選擇真實或動畫風格，快速準確地將你的想法變為現實。
- **多主體一致性：**
  Vidu AI提供多主體一致性功能，允許你從多張圖像生成AI影片，並保持人物和場景的一致性。這使得管理多個角色或物體變得容易，確保影片的穩定性和準確性。
- **真實與動畫風格選擇：**
  無論你偏好真實還是動畫風格，Vidu AI的影片創建工具都能讓你輕鬆選擇和創建符合你期望的影片。這些工具能夠捕捉每一幀的細節，增強視覺故事的效果。
- **創意AI工具：**
  AI影片廣告生成器、AI擁抱生成器、AI親吻生成器等。

案例分享：只需上傳兩張圖片（一張是作者細仔Sheldon的生活照、另一張是Sheldon的掃描畫作），然後簡單輸入提示詞交給Vidu，即可生成如斯震撼的影片！

https://bibigpt.co

推薦指數：★★★★★★（作者 6 星推薦！）

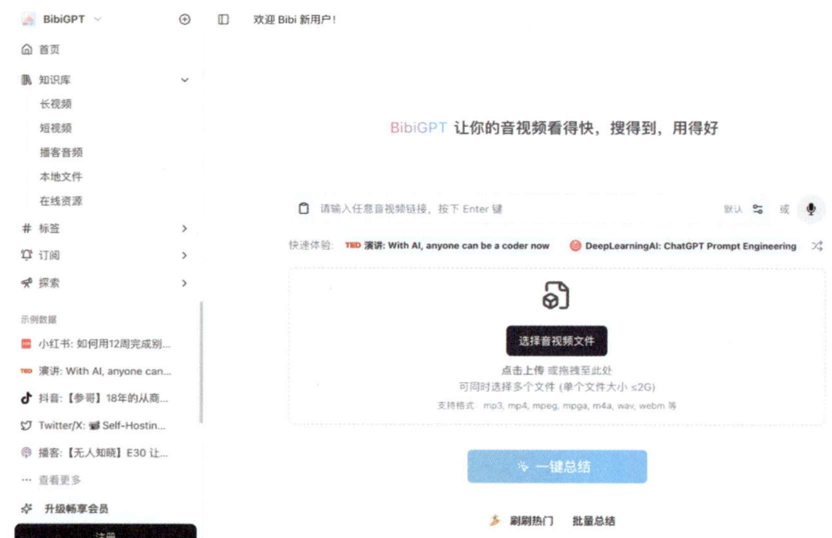

BibiGPT 是一個可以快速總結音視頻內容的網站。你只需要複製 B 站 /YouTube/ 抖音 /Twitter/ 小紅書等網站的連結，或是上傳音視頻，BibiGPT 就

能夠自動生成內容摘要。雖然這個並不是 GenVideo 的人工智能，但通過 BibiGPT，你可以在不看視頻的情況下，清楚地瞭解視頻的關鍵內容。它不僅能生成文字摘要，還能提供思維導圖、文章視圖等多種呈現形式，方便你快速獲取資訊。

推薦功能：

- **連結總結：**
  一鍵總結音視頻內容，貼上連結，快速總結影片及播客等內容。
- **免費使用：**
  註冊登入即可獲得免費使用時長。
- 使用「支付寶 / 微信支付」自動充值時長。

Meta Sketch

https://sketch.metademolab.com

推薦指數：★★★★☆

「Animated Drawings」是一個由 Meta 開發的神奇工具，讓你可以將繪畫轉化為生動的動畫。只需上傳圖片並選擇動畫模板，這個工具就能根據圖像和你提供的標註，將靜態畫作變成動態的動畫。這個過程不需要註冊會員，完全免費。透過這個工具，你可以讓孩子們的創意作品變得更加生動有趣，並下載動畫影片與家人朋友分享。這項技術利用先進的 AI 技術，來學習真實物品的運動特徵，從而創造出逼真生動的動畫效果。

推薦功能：

- **動畫影片：**
  讓孩子們的創意畫作動起來！

10

Chapter
數字人

數字身份與 AI 角色創建平台

在當今科技迅速發展的時代，數字身份（DID）和 AI 角色創建平台正以其強大的創造力和多樣化的應用場景，吸引著各行各業的關注。這些平台利用人工智能技術，能夠快速生成和定制數字角色、頭像和數字身份，簡化並加速了創建逼真或風格化角色過程。無論是在電子遊戲、虛擬世界、動畫還是營銷領域，這些平台都能為用戶提供豐富的創作選擇。

AI 角色創建平台的主要功能是利用先進的 AI 技術，讓用戶能夠輕鬆創建出符合自己需求的數字角色。這些平台通常具備以下幾個特點：

1. 快速定制：

用戶可以在短時間內生成專屬的數字角色，無需擁有專業的設計技能。

2. 個性化設定：

平台提供多樣化的角色模板和設定選項，讓用戶能夠根據自己的需求進行個性化定制。

3. 逼真表現：

AI 技術使得生成的角色能夠呈現出逼真的表情、動作和語音，增強了視覺體驗。

AI 角色創建平台的應用範圍非常廣泛，包括但不限於以下幾個領域：

1. 電子遊戲和虛擬世界：

數字角色可以用於遊戲中的人物設定，增強玩家的沉浸感。

2. 動畫和視頻製作：

AI 生成的角色可以用於動畫製作，減少製作時間和成本。

3. 營銷和廣告：

企業可以利用 AI 數字角色作為品牌代言人，提升品牌形象和吸引力。

隨著 AI 技術的不斷進步，數字身份和 AI 角色創建平台將在未來繼續發揮重要作用。這些平台不僅能夠提升創作效率，還能為各行各業帶來新的商業機會和創新可能性。同時，隨著數字身份的普及，對數據私隱和安全的關注也將日益增加，企業需要在創新中兼顧用戶權益和法律法規的遵守。

https://studio.d-id.com

推薦指數：★★★★★

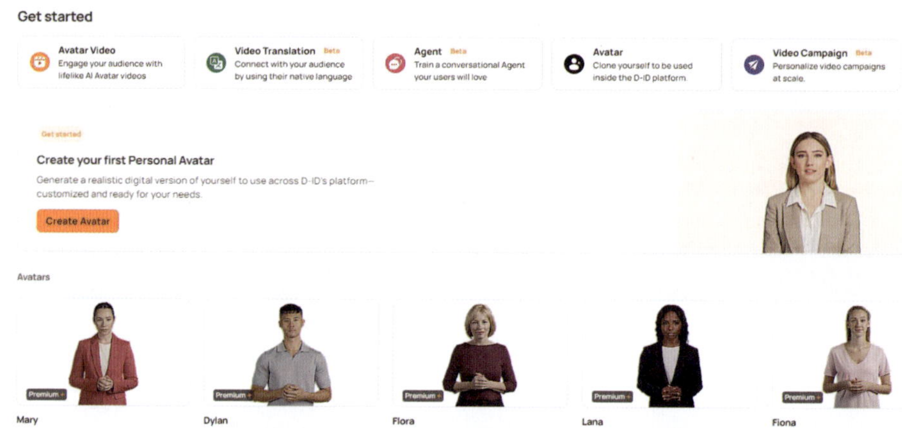

D-ID 是一家創新的科技公司，專門利用人工智能技術創建逼真的數字人視頻內容。該公司的產品和服務旨在將靜態圖像轉換為動態視頻，並根據用戶的文字輸入生成講述內容的虛擬人類化身。D-ID 的技術不僅提升了影片創作的效率，還降低了製作成本，使其在社交媒體內容、電子學習、遊戲動畫等領域中具有廣泛的應用。

D-ID 的公司總部位於以色列，他們的平台提供自助服務工作室、AI 驅動的視頻製作，以及整合 API，讓開發者可以

輕鬆將 D-ID 的服務整合到自己的平台中。這些功能使 D-ID 成為內容創作者、行銷人員和企業的理想選擇，尤其是在需要創建逼真數位人類和高品質視頻內容的場合。

推薦功能：

- **AI 數字人製作：**
  將靜態照片轉換為動態、栩栩如生的數字人，滿足你的所有內容需求。
- **影片唇形同步翻譯：**
  只需點擊幾下，即可自動將影片批量翻譯成多種語言。
- **API 整合：**
  讓開發者可以輕鬆將 D-ID 的服務整合到自己的平台中。

案例分享：將之前在 Leonardo.ai 所生成出來的照片上傳到 D-ID，再輸入對白，即可生成出一個數字人！

https://www.heygen.com

推薦指數：★★★★★★（作者 6 星推薦！）

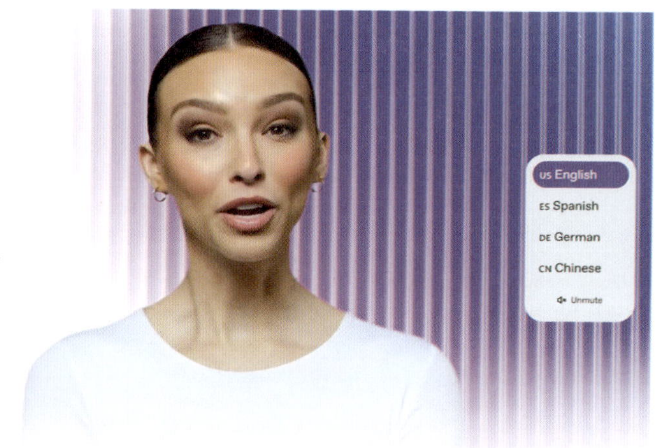

HeyGen 是一個創新的多語言 AI 視頻生成平台，旨在幫助用戶輕鬆創建高品質的視頻內容。這個網站提供了多種功能，讓用戶能夠生成虛擬數字人、創建語音動畫以及進行視頻翻譯等。儘管 HeyGen 有一些付費功能，但它仍然提供免費試用版，讓用戶可以體驗其基本功能。這使得 HeyGen 成為內容創作者、教育工作者及企業推廣的理想選擇。

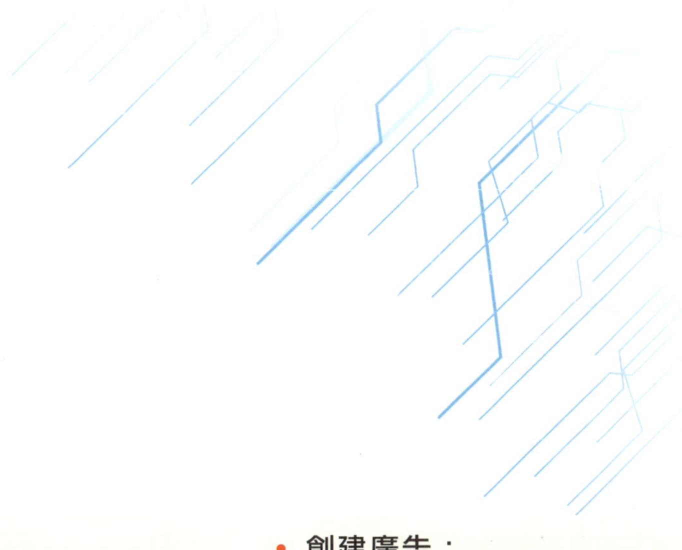

推薦功能：

- **唇形同步翻譯：**
  這功能允許你將影片中的語言翻譯成其他語言，並保持自然的唇形同步，確保觀眾的觀看體驗不會受到影響。
- **數位身份：**
  創建數位化身，讓你可以在虛擬環境中表現自己。
- **創建數位化身：**
  使用視頻錄製來創建一個與你外貌和聲音相似的數位化身。
- **創建視頻：**
  讓你可以編寫腳本、編輯和製作帶有數位化身的視頻。
- **創建廣告：**
  選擇超過 100 種風格的數位化身來推廣你的產品。
- **添加動作：**
  將靜態照片化身帶入生命力，賦予它們真實且栩栩如生的動作。

案例分享：Heygen 的整個製作流程很像 PowerPoint 的形式，基本簡單幾個按鈕及滑鼠拖放動作即可處理完畢。

synthesia

https://www.synthesia.io

推薦指數：★★★★★

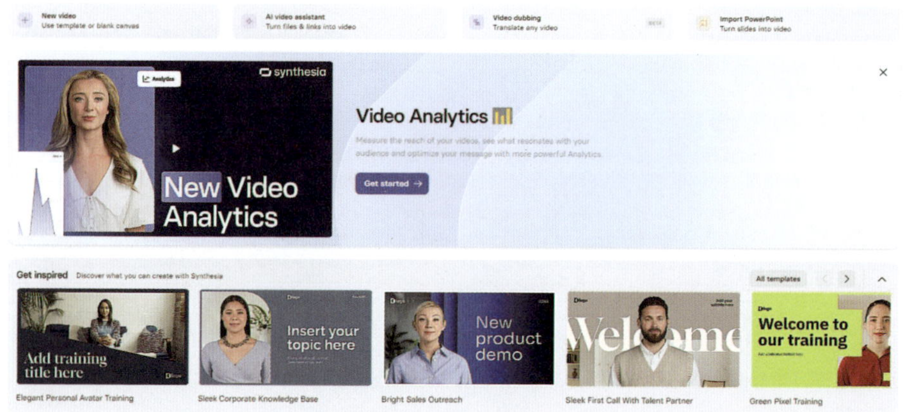

Synthesia 是一家合成媒體生成公司，專門開發用於創建 AI 生成影片內容的軟件。這個平台允許用戶在幾分鐘內將文字轉換為影片，並使用 AI 數字人和配音以 140 多種語言創建高品質的影片。使用 Synthesia 就像製作簡報一樣簡單，讓每個人都能輕鬆製作影片，而無需相機、麥克風或攝影棚。

Synthesia 於 2017 年由來自多位國際名牌大學的 AI 研究人員和企業家共同創立。該公司的使命是賦予每個人創作影片內容的能力，並通過 AI 技術徹底改變內容創作過程，釋放人類的創造力。Synthesia 的頂級研究團隊和工程師致力於通過生成 AI 技術，讓每個人都能使用簡單直觀的界面創作高品質的影片，並在影片創作領域開拓新天地，推動創建逼真合成演員的新技術。

推薦功能：

- **數位身份：**
  創建你獨特的、個人化的 AI 形象。
- **聲音克隆：**
  複製你自己的聲音。
- **AI 配音：**
  使用 AI 進行影片配音。
- **品牌套件：**
  建立品牌專屬的影片風格。
- **選擇範本：**
  從超過 250 個影片範本中選擇。
- **超過 230 個數字人：**
  選擇多樣化的 AI 數字人。
- **影片翻譯器：**
  支援超過 140 多種語言。
- **AI 影片 / 聲音產生器：**
  提供免費的 AI 影片及聲音製作功能。
- **AI 影片編輯器：**
  使用 AI 編輯影片。
- **AI 螢幕錄影：**
  使用 AI 進行螢幕錄影。
- **文字轉影片：**
  將文字轉換成影片。
- **AI 腳本產生器：**
  使用 AI 產生影片腳本。

https://www.chanjing.cc

推薦指數：★★★★★★（作者 6 星推薦！）

蟬鏡是一個基於 AI 技術的爆款內容創作平台，主要為企業和個人提供內容創作、獲客營銷等一站式解決方案。在內容創作方面，蟬鏡功能十分強大。傳統的內容營銷獲客方式往往周期長、成本高，而成片效果也難以預測。蟬鏡則能做到選題製作一站搞定，並且批量成片快速起量，還能隨時根據市場變化進行調整。對於 IP 打造，蟬鏡同樣表現出色。很多人在打造 IP 賬號時面臨難起量、視頻內容難出彩、IP 價值難以沉澱等問題。蟬鏡的無限克隆功能，能讓 IP 不再分身乏術；AI 改寫可以使內容更具風格；數字分身技術，助力 IP 滲透到千行百業。

漲粉帶貨也是蟬鏡的強項。在這個領域，行業熱點捕捉難、內容創作效率低、熱點跟進速度慢是普遍存在的問題。蟬鏡借助大數據提供創作靈感，幫助用戶選題，還能一鍵成片，搶先用上熱點模板，通過 AI 二創，利用爆款生成更多爆款。蟬鏡還擁有領先的定制數字人技術，最快 1 分鐘就能打造出用戶的數字分身，支持超逼真聲音複刻，並能一鍵生成多國語音。

平台設有精選 IP 形象商店，提供多款業內爆款 IP 形象，點擊即可使用。此外，蟬鏡還提供諸多特色功能，如熱點文案跟創、批量跟創熱門口播文案，以及生成指定商品和模特的海報、手持商品模特圖，文生視頻、圖生視頻、短視頻文案改寫、AI 靈感工具、帶貨話術生成、智能實時互動等。

推薦功能：

- **數字人：**

  提供 500+ 精選數字人，業

界領先的定制效果，幫助打造虛擬 IP 形象。這使得用戶可以根據自己的需求，選擇或定制適合的數字人形象。

- **海量音庫及素材：**
平台提供豐富的音庫和素材，讓用戶可以輕鬆地選擇合適的配音和視覺效果，提升視頻的質量和吸引力。
- **批量生成視頻：**
這個功能使得用戶可以快速批量生成多個視訊短片，節省時間和成本，適合需要大量視頻內容的企業或個人。
- **AI 文案創作：**
蟬鏡的 AI 行銷靈感工具可以快速生成爆量文案，讓用戶輕鬆找到創意點子，提升內容的創新性和吸引力。
- **手持商品數字人：**
快速生成商品行銷素材，讓企業可以更有效地展示產品，提升銷售轉化率。
- **聲音克隆：**
通過 AI 技術，可以克隆和模擬真實的聲音，讓視頻內容更加逼真和生動。
- **視頻範本：**
提供多種視頻範本，讓用戶可以快速選擇適合的模板，簡化視頻創作過程，提高效率。

如影

https://senseavatar.sensetime.com

推薦指數：★★★★☆

商湯如影是商湯推出的 AI 數字人視頻生產平台，旨在讓每個人都能輕鬆製作視頻。其背後依托 SenseNova 大模型體系，以「大模型 + 大算力」推動通用人工智能發展。

商湯如影 AI 視頻生成平台能實現數字人的動態驅動，自動進行口型同步匹配，生成極為自然的音色、語調和說話速率，還支持在線配置。不僅如此，該平台還具有眾多特色功能。在創作方面，支持 AI 文案生成，用戶可以自由進行形象個性化定制，包括自定義背景、聲音、文案和語種。生成的數字人表情自然豐富，表達逼真細膩，告別了僵硬的數字人形象。

在視頻制作上，用戶可以利用平台的 AI 素材生成功能，配合豐富的在線編輯能力，實現數字人形象一鍵生成，快速完成視頻成片，有效解決短視頻營銷、頭部大 V 頻繁更新等問題，幫助企業和個人降低成本、提高收益，實現內容快速變現。

在直播領域，商湯如影的數字人直播功能突出。它打破了時間、空間及語種的限制，能 7x24 小時不間斷直播，用戶一鍵即可輸出數字人直播流。平台提供豐富的模板，方便用戶自由發揮創意，並且具備 AI 智能互動功能。

此外，商湯如影重視內容的安全性和版權問題，採用數字水印技術，對合成內容進行審核監管。通過特定的規則與算法，將水印信息嵌入到圖像、視頻、音頻、文檔等數據載體中，可確認數字版權所有者、追蹤數據泄露者，做到生成的數字人都可追溯、防篡改。

推薦功能：

- **虛擬化身：**
  形象個性化定制，基於真實面孔，利用可信 AI 技術進行創作，你可以完全按照自己的想法定制虛擬化身。無論是外貌特徵、服裝造型還是髮型等方面，都能自由設計，打造出獨一無二的虛擬形象。

- **多場景應用：**
在短視頻營銷、直播等領域，虛擬化身大顯身手。它可以代替真人主播進行產品推廣、內容分享等工作，解決了真人主播時間和空間的限制問題。例如，即使在深夜或主播無法到場的情況下，虛擬化身也能 7 x 24 小時不間斷直播，持續吸引流量，助力提升營銷效果。

- **聲音克隆：**
商湯如影的聲音克隆技術能精準捕捉原始聲音的音色、語調和説話速率等特徵，克隆出與原始聲音極為相似的聲音，高度還原真實聲音。你可以使用克隆的聲音為虛擬化身配音，使其在表達時更具真實感和親切感。

- **自定義聲音選擇：**
除了克隆自己的聲音，平台還提供豐富的音色庫供你選擇。不管你是想要親切的解説音、專業的職場音，還是其他各種風格的聲音，都能在平台上找到。而且支持多語種聲音，包括中文普通話、中文粵語、英語等，滿足不同語言需求的創作場景。

11

Chapter

辦公室

企業效率提升的關鍵工具

AI 驅動的辦公室平台正日益成為企業提升行政效率的關鍵工具。這些平台利用人工智能來自動化和優化各種行政任務，從而簡化企業運營流程、提高效率，並提供數據驅動的洞察，以支持更好的決策。

這些平台的主要功能在於將企業內部的工作流程自動化。這包括了以下幾個方面：

1. 數據處理和分析：

AI 可以快速處理大量數據，提供精確的分析結果，幫助企業更好地理解市場趨勢和客戶需求。

2. 自動化工作流程：

通過 AI 驅動的工作流程自動化，企業可以減少人工操作的錯誤，提高工作效率，並釋放更多資源投入到核心業務中。

3. 客戶服務優化：

AI 驅動的聊天機器人和客戶服務系統可以提供 24 小時不間斷的客戶支持，提升客戶體驗和滿意度。

4. 風險管理和合規性：

AI 可以監控和分析數據，以識別潛在風險，確保企業的運營符合相關法規和標準。

AI 驅動的辦公室平台為企業帶來了多方面的優勢：

1. 提高效率：

通過自動化和優化行政任務，企業可以節省時間和資源，專注於核心業務的發展。

2. 增強決策能力：

AI 提供的數據洞察可以幫助企業做出更明智的決策，從而推動業務的成長和發展。

3. 降低成本：

減少人工操作和錯誤，可以有效降低企業的運營成本。

4. 提升競爭力：

在競爭激烈的市場中，這些平台可以為企業提供技術上的優勢，幫助其在行業中佔據領先地位。

隨著 AI 技術的不斷進步，辦公室平台將繼續演進和完善。未來，這些平台可能會更加深入地整合多種 AI 技術，如機器學習、自然語言處理等，以提供更全面的企業管理解決方案。同時，企業也需要關注 AI 應用的倫理和安全問題，確保 AI 技術的應用不僅高效，也合乎道德和法規要求。

https://convert.io

推薦指數：★★★★★

Convert.io 是一個便捷的線上檔案轉換工具。它支援超過 309 種不同的檔案格式，包括文件、圖片、試算表、電子書、壓縮檔、簡報、音訊和視訊格式。這個網站提供廣泛的轉換選項，以滿足你各種檔案轉換的需求。

推薦功能：

- **影片工具：**
影片編輯器、螢幕錄影器、文字轉語音、合併影片、將音訊添加到影片、裁剪影片、將圖片添加到影片、將文字添加到影片、從影片中移除商標、裁剪影片、旋轉影片、翻轉影片、調整影片大小、循環播放影片、更改音量、更改影片速度、穩定影片、影片錄影器等。
- **音訊工具：**
修剪音訊、更改音量、更改速度、更改音高、等化器、反向音訊、語音錄音器、音訊合併器等。
- **PDF 工具：**
從 PDF 轉換、轉換為 PDF、拆分、合併、壓縮、解鎖、保護、旋轉、添加頁碼等。
- **轉換器：**
音訊轉換器、影片轉換器、圖像轉換器、文件轉換器、字型轉換器、檔案轉換器、電子書轉換器、檔案解壓縮器等。

Otter.ai

https://otter.ai

推薦指數：★★★☆☆

General　Meetings　Plan　Apps　Notifications　Security

Slack NEW
Connect Slack to your Otter Workspace to easily invite contacts, share conversations, and get notifications.
Add

Salesforce Enterprise
Connect Salesforce to your Otter Workspace to automatically enrich your data in salesforce with Otter conversation insights to make better decisions and close more deals.
Contact Otter.ai sales team to schedule a demo.

HubSpot Enterprise
Connect HubSpot to your Otter Workspace to automatically enrich deals and prospects with insights from every call, boosting sales productivity.
Contact Otter.ai sales team to schedule a demo.

Zoom
For Zoom.us Pro, Business or Enterprise Learn more
Add

Dropbox
For Zoom.us Pro, Business or Enterprise
Upgrade

Google
Calendar & Contacts
Add

Otter.ai 是一個 AI 會議工具，旨在提升團隊的生產力，其主要功能包括自動會議記錄、摘要和行動項目。Otter.ai 可以自動加入 Zoom、Google Meet 和 Microsoft Teams 等會議平台，即時記錄筆記，讓每個人都能更自由地參與討論。它能將一小時的會議濃縮成30秒的摘要，並自動捕捉和分配會議中的行動項目，確保團隊成員清楚了解後續步驟。

Otter.ai的應用範圍廣泛，包括：

1. 銷售團隊：幫助銷售團隊提取銷售見解、撰寫後續追蹤電子郵件，並將通話記錄推送到Salesforce和HubSpot。

2. 市場營銷團隊：自動分配跨職能團隊會議中的行動項目，確保每個人保持一致。

3. 招聘團隊：轉錄和總結面試內容，減少評估候選人所需的時間和精力。

4. 媒體：通過自動即時轉錄，幫助講述重要的故事。

5. 教育：為教師和學生提供實時字幕和筆記，適用於課堂或會議。

此外，Otter.ai還能自動將會議記錄和摘要通過電子郵件和Slack頻道與團隊成員分享，並與Salesforce、HubSpot、Egnyte、Amazon S3、Snowflake和Microsoft SharePoint等工具整合，簡化工作流程，提高團隊的整體效率。

推薦功能：

- **音訊轉文字：**
  將錄音檔轉換成文字。
- **AI筆記：**
  在會議中自動做筆記。
- **記錄即時會議：**
  記錄Zoom等線上會議。

schoolai

https://app.schoolai.com

推薦指數：★★★★★★（作者 6 星推薦！）

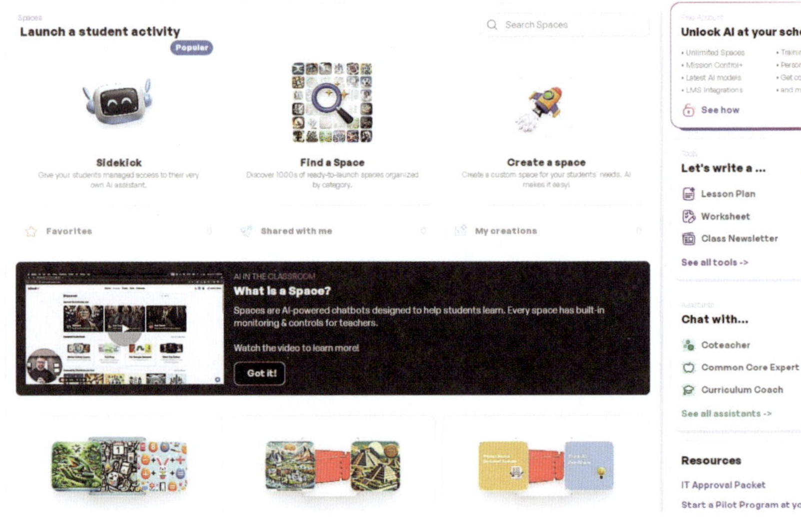

SchoolAI 是一個專為教育工作者而設的生成式人工智能工具，教師可以利用它來產生教材、個人化的聊天機器人，或是學生的助手，以學習更多關於任何科目的知識。這個工具可以被用來產生詞彙表、課程大綱，以及最獨特的「自主學習空間」作為課堂的活動或知識的交流與補充。

推薦功能：

- **聊天機器人：**
這個功能允許教師創建個人化的聊天機器人，作為學生的學習助手。學生可以直接向聊天機器人提問，獲得即時的答案和反饋，從而增強批判性思維能力和學習興趣。更重要的是，老師可以在這裡設定不同的限制，例如問題範圍及使用時限等。SchoolAI 允許教師通過「Mission Control」功能來控制和管理學生如何使用 AI，確保 AI 的使用與既定的學習目標保持一致。老師更可以獲取所有學生的聊天紀錄，用於更良好的課堂管理及監督。

- **工具供教師使用：**
SchoolAI 提供一系列工具，幫助教師生成課程大綱、詞彙表等教學材料，提高備課效率。

- **自主學習空間（Spaces）：**
教師可以創建定制的學習空間，為每位學生提供個性化的 AI 驅動體驗。這些空間可以根據學生的需求進行設定，包含不同難度的內容和活動。

https://www.refrens.com

推薦指數：★★★☆☆

Integrated Software Suite

Simplify your daily operations with our cloud-based, fully inter-connected software solutions.

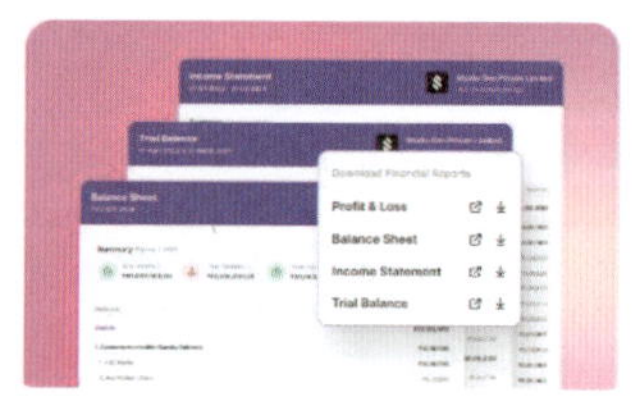

Accounting Software

Streamline & automate bookkeeping, accounting, and financial reporting.

Accounting Software

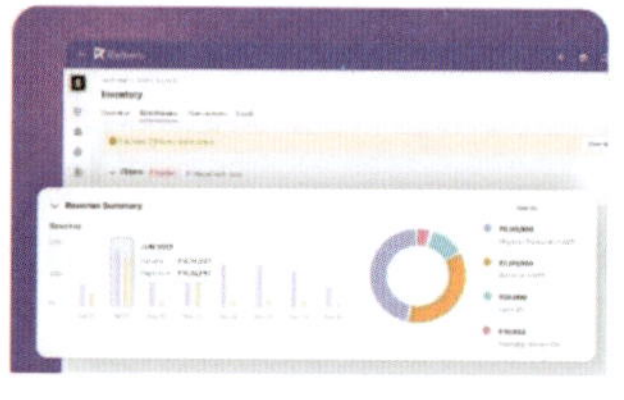

Inventory Management Software

Track and manage stock across warehouses, batches, and serial numbers.

Inventory Software

Invoicing Software

Manage invoicing, payment trac compliance, and more.

Invoicing Software

Refrens 是一個一站式平台，為你的會計、行政和銷售團隊提供發票管理、會計、支出、庫存、銷售和其他業務流程的管理。全球超過 178 個國家／地區的 150 萬多家企業已透過 Refrens 簡化了日常業務營運。

Refrens 的軟件旨在無縫適應並與你的業務一同擴展，確保在每個成長階段都能滿足你不斷變化的需求。他們也致力於透過嚴格新增功能、特性和改進來不斷增強軟件，以便你的業務始終保持領先地位。隨著你的業務擴展，Refrens 的軟件可以容納越來越多的使用者，管理更大的資料量，並處理更複雜的任務，而不會影響效能或效率。他們會定期更新他們的軟件，以納入新的技術進步、產業最佳實務和客戶回饋，確保你始終可以存取最新和最具創新性的解決方案。此外，Refrens 基於雲端的基礎架構提供無與倫比的可擴展性和可靠性，並且能夠根據需求調整資源以滿足你業務的特定需求。這意味著你可以確信他們的軟件將支援你的成長，而不會造成任何中斷或停機。

推薦功能：

- **自動化發票管理：**
  Refrens AI 可以自動生成發票，減少人工輸入的需要，並確保發票的準確性和及時性。
- **支出跟蹤和財務分析：**
  AI 技術幫助用戶跟蹤和組織支出，提供財務趨勢的洞察，以便於決策。
- **預測性分析：**
  Refrens AI 使用歷史數據來預測未來的財務趨勢，幫助企業做出更明智的財務決策。
- **多幣種支持和自動提醒：**
  平台支持多種貨幣，並自動提醒客戶進行付款，減少追蹤付款的麻煩。
- **報價：**
  快速產生專業的報價單。
- **客戶管理：**
  集中管理客戶資料，並有效追蹤潛在客戶。
- **表單：**
  建立和管理各種業務所需的表單。

https://tinywow.com

推薦指數：★★★★★

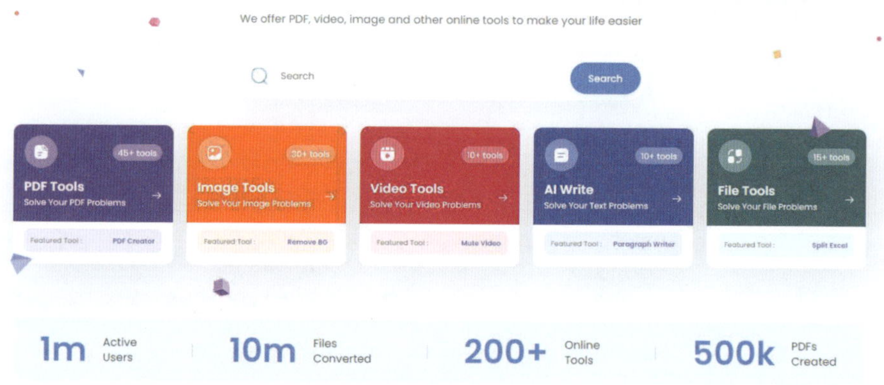

TinyWow 是一個提供免費工具的網站，旨在讓你的生活更輕鬆，無論是在商業、生活、教育或任何其他方面。它提供 PDF、影片、圖片和其他線上工具，以協助你解決各種類型的問題。TinyWow 強調其服務完全免費，無需註冊，且沒有任何隱藏費用。為了支持者，他們提供每月 5.99 美元的方案，以解鎖無廣告和無驗證碼的體驗。所有處理過和未處理的檔案都會在 1 小時後刪除以確保能夠好好保護客戶的私隱。

嚴格來説，這個平台幾乎包含了所有辦公室內能夠考慮到的小工具，值得推介！

推薦功能：

- **PDF 工具：**
  1.PDF 編輯：添加文字、圖片、水印、註釋或簽名。
  2.PDF 合併：將多個 PDF 文件合併成一個。
  3.PDF 轉換：將 PDF 轉換為 Word、Excel、PowerPoint 等格式。
  4.PDF 壓縮：減小 PDF 文件大小而不影響質量。
- **圖像工具：**
  1. 背景移除：從圖像中移除背景。
  2. 圖像壓縮：減小圖像大小。
  3.AI 圖像生成：使用 AI 創建圖像。
  4. 圖像轉換：將圖像轉換為其他格式，如 JPG 轉 PDF。
- **視頻工具：**
  1. 視頻壓縮：減小視頻文件大小。
  2. 視頻轉換：將視頻轉換為 GIF 或 MP3 格式。
  3. 視頻裁剪：選擇視頻的開始和結束時間並下載裁剪後的視頻。
- **AI 寫作工具：**
  1. 文章生成：根據標題創建文章。
  2. 段落重寫：重寫段落以改善內容。
  3. 論文生成：使用 AI 創建論文。
- **檔案工具：**
  1. 檔案轉換：支持 XML、JSON、CSV、Excel 等檔案格式之間的轉換。
  2. 檔案分割：將 Excel 或 PDF 文件分割成多個文件。

https://monica.im

推薦指數：★★★★☆

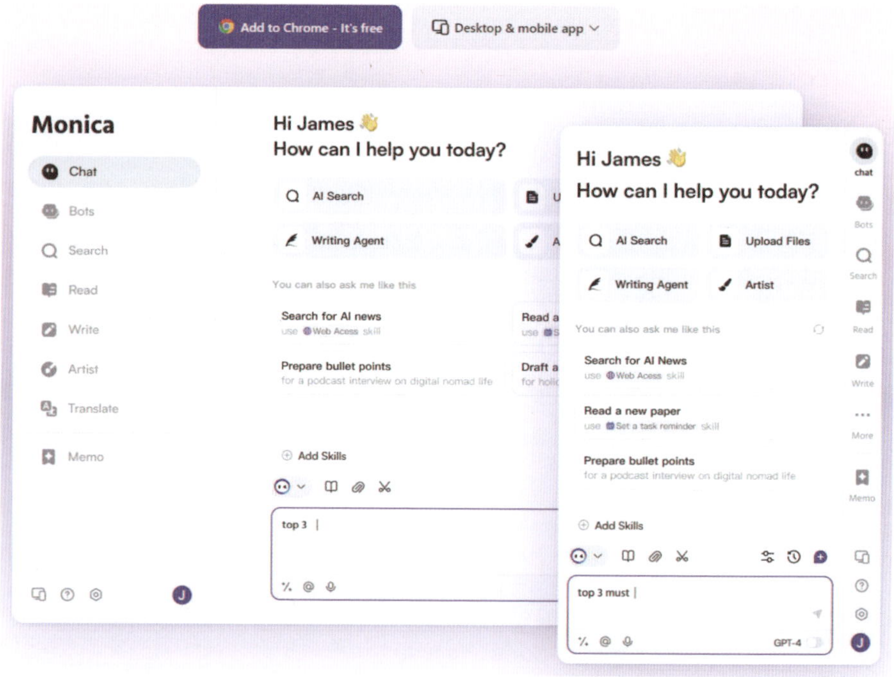

Monica 是一個多合一的人工智能助理，它利用 ChatGPT、DeepSeek、Claude 和 Gemini 等尖端人工智能模型，來提升你的聊天、搜尋、寫作和程式設計體驗。Monica 提供 Chrome

瀏覽器擴充功能，以及行動和桌面應用程式。

這個平台提供多種功能，包含人工智能側邊欄，讓你一鍵從任何網頁存取所有人工智能功能；智能工具列，可以無縫地解釋、翻譯或總結你選擇的任何文字；還有寫作助理，可以幫助你起草或重寫任何網頁上的內容。Monica 專為專業人士打造，提供市場情報導航器、戰略思維夥伴、智能文件分析器、上下文感知電子郵件助理、洞察報告生成器和數據分析加速器等多種工具。

此外，Monica 還提供面試策略合作夥伴、學術寫作助手、文獻研究導航器、引文生成器和研究開發助手等功能，以協助學術研究。對於開發者，Monica 提供程式碼資源導航器、智能程式碼顧問和程式碼生成引擎。

Monica 還提供一個無程式碼的機器人平台，可以創建由 Claude 驅動的、具有自動化工作流程的助理。它還提供市場情報中心、使用者洞察生成器、行銷策略架構師和內容創建套件，以支援行銷工作。在客戶服務方面，Monica 提供客戶支援專家、客戶溝通經理、後續策略優化器和客戶情報分析師等工具。

簡單來説，Monica 是一個超全面的人工智能平台，從文字、圖片、聲音、影片等等全方位一站式服務用戶！

推薦功能：

- **AI 模型：**
  Claude 3.7 Sonnet、Ask OpenAI o1、DeepSeek-R1、Kling AI、Veo2、PixVerse AI、Qwen、DALL· E3、Stable Diffusion、Ideogram 2.0、Recraft AI、Playground AI、Stable Video Diffusion、Pika AI、Hailuo AI、Runway AI、Flux AI、Imagen 3、Gemini 2.0、Mistral AI、GPT-4o、Wan 2.1、GPT-4.5 等。
- **AI 圖像工具：**
  圖像生成、圖像到圖像、視頻生成、圖像到動畫、文字轉視頻、動漫生成、水印移除、背景移除、標誌生成、圖像增強、照片轉卡通、照片轉素描、繪圖生成、LinkedIn 照片生成、圖像擴展、壁紙生成、海報生成、素描生成、頭像生成等。
- **PDF 工具：**
  翻譯器、轉 PNG、轉 JPG、轉 PPT、轉 Word、OCR、履歷檢查器、發票掃描器等。
- **寫作工具：**
  AI 偵測器、文本人性化、數學解題、ChatGPT 偵測器、翻譯、重寫文本等。
- **摘要工具：**
  YouTube 摘要、視頻摘要、播客生成器、腦圖製造器、音頻轉文字等。

案例分享：Monica 其中一個非常驚艷的應用場景是其自然流暢的播客工具，簡單一個提示詞，一分鐘時間的處理，即可生成一個極其真實的播客（PodCast）！

12 Chapter 簡報 PPT

AI 讓簡報設計難題清空

近年來，AI 技術持續進步，並被廣泛應用在各個領域，其中 AI 助力的簡報生成平台，正悄然改變人們製作簡報的方式。此類平台藉由人工智能技術，自動化且大幅強化簡報的製作流程。

以往，創作一份兼具視覺吸引力與互動性的簡報，不僅耗時費力，更需使用者具備設計美感與排版經驗。但有了 AI 助力的簡報生成平台，情況大不相同。使用者只需輸入少量的核心文字資訊，平台便能運用 AI 算法，自動分析內容，從龐大的素材庫中挑選適合的圖片、圖表，並進行智能排版。

比如，使用者想製作一份商業計劃書簡報，只需將計劃書中的要點複製粘貼到平台上，AI 系統便會立即生成多個設計方案，包括不同的色系、字體組合和頁面佈局。使用者可依據喜好，輕鬆選擇最合適的版本，再做些微調整。

除了自動排版，許多 AI 簡報生成平台還整合了智能內容建議功能。在使用者輸入文本時，平台會給出語句優化、段落結構調整等建議，幫助使用者撰寫更清晰、更有邏輯的內容。

無論是商務人士、教師，還是學生，AI 助力的簡報生成平台都能在大幅縮短創作時間的同時，提升簡報品質，讓簡報設計變得更輕鬆、更高效。

https://gamma.app

推薦指數：★★★★★★（作者 6 星推薦！）

Gamma 簡化了簡報內容創建的過程，讓使用者能夠輕鬆生成精美的簡報內容，而無需將精力集中在格式或設計上。它是一個由人工智能驅動的全新媒介，可用於展示想法，使用者可以快速建立和完善文字、簡報或網站內容。Gamma 提供一流的 AI 技術，並應用引人注目的專業級設計和版面，快速重寫或自動完成內容。

Gamma 讓使用者可以輕鬆建

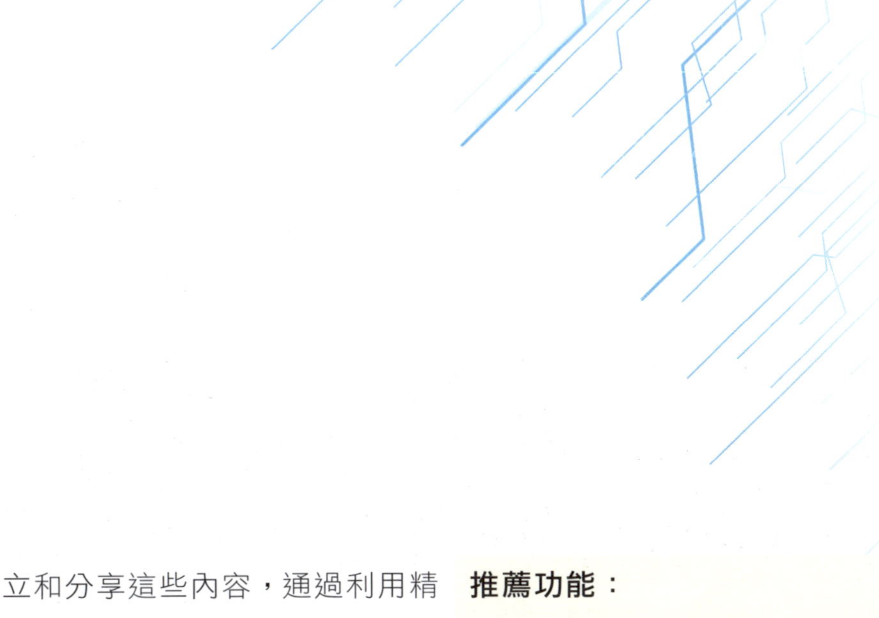

立和分享這些內容，通過利用精美的圖表、示意圖和表格來視覺化資料。它還提供多功能的預製範本，以快速啟動使用者的專案。使用者可以一鍵重新設計現有內容，輕鬆匯入文件和簡報，並在幾秒鐘內從任何來源貼上文字，立即匯出 PDF 和 PPT 檔案。Gamma 易於分享和發布，可以在任何螢幕上提供行動裝置友好的內容。使用者可以生成或嵌入豐富媒體，包括圖像、影片和整個網站。

推薦功能：

- **PowerPoint 生成：**
  快速建立簡報，並能一鍵匯出為 PowerPoint 檔案。
- **文件生成：**
  輕鬆生成或匯入文件，快速將文字轉換為精美的文檔。
- **網站生成：**
  無需設計或程式碼技能，即可建立美觀的網站。

https://wonderslide.com

推薦指數：★★★☆☆

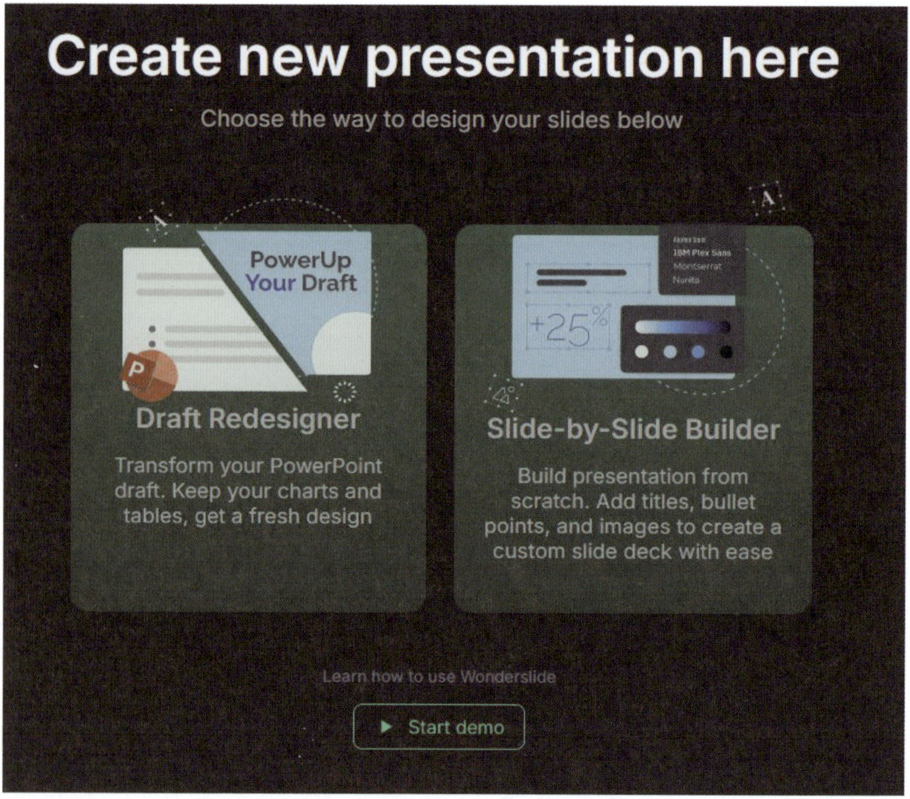

Create new presentation here

Choose the way to design your slides below

PowerUp
Your Draft

Draft Redesigner

Transform your PowerPoint draft. Keep your charts and tables, get a fresh design

+25%

Slide-by-Slide Builder

Build presentation from scratch. Add titles, bullet points, and images to create a custom slide deck with ease

Learn how to use Wonderslide

Start demo

Wonderslide 是一個全面的演示文稿工具，旨在提升創建演示文稿的體驗。不論是個人還是企業，這個工具都提供了一系列的選項，以滿足你不同的演示需求。通過人工智能的力量，Wonderslide 可以快速生成令人驚艷的幻燈片，並提供多種自訂選項，讓你輕鬆地將品牌元素融入演示文稿中。這個工具支持與 PowerPoint 和 Google 幻燈片的無縫協作，並提供壓縮和格式轉換功能，以確保文件在不同平台上的兼容性。無論是簡單的個人演示還是企業級別的報告，Wonderslide 都能幫助你快速打造出專業且引人入勝的演示文稿。

推薦功能：

- **上傳 PPTX 草稿：**
  你可以上傳現有的 PowerPoint（PPTX）草稿，Wonderslide 會利用 AI 技術，讓你的幻燈片看起來更出色。
- **從零開始創建幻燈片：**
  Wonderslide 提供從頭開始創建幻燈片的選項，讓你能根據自己的想法設計演示文稿。
- **簡化設計流程：**
  Wonderslide 利用 AI 技術簡化設計流程，讓你快速輕鬆地完成演示文稿。使用 Wonderslide 可以節省大量的時間和精力，特別是在排版、選擇圖片和設計方面。Wonderslide 讓你快速嘗試不同的設計理念，找到最適合你的風格。

https://www.molishe.com

推薦指數：★★★☆☆

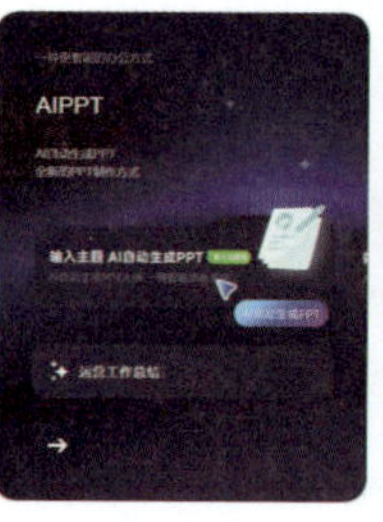

魔力設是能依據使用者輸入的關鍵字、文字內容，自動分析並生成符合特定主題、風格及設計要求的 PPT 模板。使用者只需透過幾個簡單步驟，就能獲得一份包含精美圖表、高品質圖片，且幻燈片布局邏輯清晰的完整 PPT 文件，大幅提升工作效率與創作品質。

此外，魔力設提供免費在線設計服務，使用者每日可免費下載相關素材。網站擁有 80 萬+優質模板、300 萬+版權圖片，素材資源豐富。若有商用需求，魔力亦提供商用授權，讓使用者版權無憂。

推薦功能：

- **PPT 生成：**
  你只需輸入關鍵字或文字內容下達指令，網站就能自動分析，為你量身打造契合特定主題、風格與設計要求的PPT。
- **圖片庫：**
  網站配備 300 萬 + 版權圖片的圖片庫，圖片種類豐富，涵蓋各類主題，滿足你在設計 PPT 或其他設計專案時的圖片使用需求。
- **在線設計：**
  數百萬個線上設計範本可供選擇，線上改圖設計很簡單。
- **智能摳圖：**
  魔力設的智能摳圖功能十分強大，能夠精準地從圖片中分離出主體物件，去除背景等多餘部分。不管是複雜的人物圖像，還是有著多樣細節的物品圖片，都能快速且高品質地完成摳圖操作，為你節省大量的時間和精力，同時也方便你將摳出的圖像應用於不同的設計場景中。
- **客戶端：**
  除了線上使用外，魔力設還提供客戶端版本。通過下載用戶端，你可以獲得更流暢的使用體驗，並且在用戶端上操作各項功能時，能夠更好地利用本地設備的性能優勢，提升工作效率。用戶端的介面設計簡潔易用，方便你快速上手，隨時隨地進行PPT生成、圖片處理等操作，即使在沒有網路的情況下，也可能支援部分功能的使用，滿足你多樣化的工作和創作需求。

讯飞智文

https://zhiwen.xfyun.cn

推薦指數：★★★★☆

這是科大訊飛推出的一款PPT智能生成工具——訊飛智文，它是基於科大訊飛自研的認知大模型開發而成。你只需提供一句話或上傳相關文件，就能一鍵生成精美的PPT。無論是職場中的工作總結、產品發布、答辯，還是學校的作業、教材等，訊飛智文都能快速生成內容準確、設計精美的演示文稿，助你輕鬆應對各種場合。

訊飛智文功能十分強大。除了能生成PPT，它還能依據一句話主題或長文本，快速生成

Word 文檔，並且有多種文稿類型可供選擇，更專業、更具針對性。它的 AI 撰寫助手支持十幾種 AI 文本編輯操作，能快速完善生成後的內容，大大提升改寫效率。在語言方面，它支持多種外語文本生成，還能進行多語種文本互譯，翻譯功能與其他功能無縫銜接。

不僅如此，訊飛智文的 AI 自動配圖功能也很出色，它能根據文本內容自動生成 AI 文生圖提示詞，只需一次點擊，就能生成多張 AI 圖片供你挑選。在排版方面，它支持模板圖示秒切換，可隨時切換內容排版及模板配色，讓文檔排版更靈活、更多樣，節省了模板圖示優化的時間。此外，它還能基於 PPT 內容自動生成演講稿，提升演講準備效率，讓你演講更從容。

推薦功能：

- **PowerPoint 生成：**
  一鍵操作，你只需提供一句話主題或者上傳長文本，就能輕鬆一鍵生成 PPT，並有大量模板可供選擇。無論是工作中的匯報、產品發布，還是學校的作業展示、教學材料，都能快速生成，極大提升效率。
- **文檔生成：**
  支持 Word 文檔生成，無論是一句話的主題，還是長篇幅的文本，都能快速生成 Word 文檔，並且有多種文稿類型可供選擇，能滿足不同專業、不同垂直領域的需求。
- **輔助編輯：**
  AI 撰寫助手提供多達十幾種 AI 文本編輯操作，可快速完善生成後的文檔內容，大大提升文檔的改寫效率，讓文檔質量更高。

13 Chapter 提示詞結構與模板

大型語言模型 LLMs 高速發展

提示詞工程，即精心設計有效輸入提示的一門兼具藝術性與科學性的學問，旨在引導大型語言模型（LLMs）生成預期的輸出結果。在人工智能技術高速發展的今日，大型語言模型憑藉強大的語言處理能力，在眾多領域得到廣泛應用，而提示詞工程作為發揮其最大效能的關鍵環節，重要性不言而喻。

從操作層面看，提示工程要求使用者精心構建請求。在提問時，問題的表述要清晰、精確，避免歧義，為模型提供明確的方向。此外，提供恰當的背景資訊也至關重要。模型在生成回答時，需要依賴大量的知識，若能提供相應的背景知識，模型便能更好地理解使用者的需求，從而生成更符合要求的回答。

再者，明確指定限制條件也是提示工程的重要部分。例如，限定回答的長度、格式，或是特定的風格等，能有效避免模型生成冗餘或無關的內容，提升回覆的準確性和相關性。

提示詞工程的另一重要作用，在於彌補人工智能的固有缺陷。由於大型語言模型的訓練數據存在局限性，其生成的回答可能出現錯誤或缺乏邏輯，即所謂「人工智能幻覺」。通過有效的提示工程，使用者可以引導模型生成更具邏輯性、創造性的回答，充分挖掘大型語言模型的潛力，使其更好地服務於使用者的需求。

文本 GenText 的提示詞結構與模板

在文本生成，即運用 GenText 等相關工具的過程中，掌握恰當的提示詞結構和模板，對於獲得理想的生成文本至關重要。以下將深入介紹一系列行之有效的提示詞運用要訣。

1. **明確設定角色**：使用者需指定一個詳細的角色身份，讓模型代入相應情境，使生成文本更具特色和代入感。
2. **詳述任務內容**：可以運用 5W 法則，即清晰闡明何事（What）、何人（Who）、何時（When）、何地（Where）、何因（Why），幫助模型深入理解任務，避免生成內容偏離主題。
3. **鎖定目標受眾**：生成文本的語調、風格需契合目標受眾的特點，比如針對專業人士，語言要嚴謹、專業；面向大眾讀者，則要通俗易懂。
4. **設定規則限制**：可以對文本的字數、格式、內容範圍等加以限定，使生成文本符合預期要求。
5. **有需要的話可以提供樣本示例**：透過給出相關的文本樣例，模型能更好地把握文本的風格和結構，生成更貼近使用者期望的內容。
6. **逐一提出問題**：避免一次性提出過多複雜問題，讓模型按步驟生成文本，提升生成內容的準確性。
7. **清晰區分「提示詞」和「內容」**：這能幫助模型快速理解使用者的核心需求，避免因信息混淆而出現生成偏差。熟練運用這些提示詞技巧，可極大提升 GenText 等工具在文本生成方面的效率和質量。

舉個例子：筆者作為一名大學老師，也經常需要製作不同課程的課程大綱。根據上述提示詞結構的原則，以下是一個完整的提示詞示例：

- **提示詞**：請扮演一位經驗豐富的市場營銷學教授的角色，為一門面向大學本科二年級商科生的「市場營銷概論」課程設計一個詳細的課程大綱。這個大綱需要涵蓋整個學期（13 週），每週一次課堂教學，每次課堂教學時間為 3 小時。目標受眾是商科學生，因此語言需要清晰、簡潔，並包含實際案例和大學課堂活動。大綱應包含每週的教學主題、主要內容、閱讀材料（可列出書籍或文章標題），以及相應的作業或小組項目。

  請確保大綱遵循以下結構：①每週主題（標題）、②主要學習目標、③主要內容概要、④閱讀材料、作業 / 小組項目。⑤字數限制在 800-1000 字之間。(為了更好地理解，可以參考「附件[#1]」中的其他大學市場營銷概論課程大綱樣本)(請注意：[#1]附件樣本需自行提供)

提示詞分解與原則對應：

- **明確設定角色**：「扮演一位經驗豐富的市場營銷學教授的角色」明確指定了模型的角色，使其以專業角度撰寫大綱。
- **詳述任務內容**：使用了 5W 法則：

  1.What：設計一個「市場營銷概論」課程大綱。

  2.Who：面向大學本科二年級商科生。

  3.When：涵蓋整個學期（13 周）。

  4.Where：大學課堂。

  5.Why：為學生提供市場營銷基礎知識。並詳細說明了每週課時、教學時間等細節。

- **鎖定目標受眾**：「目標受眾是商科學生，因此語言需要清晰、簡潔，並包含實際案例和大學課堂活動」明確了目標受眾的特點，並對語言風格提出了要求。
- **設定規則限制**：「字數限制在 800-1000 字之間」對生成的文本字數進行了限制。「請確保大綱遵循以下結構…」對大綱的結構和格式提出了要求。
- **提供樣本示例**（可選）：「（為了更好地理解，可以參考附件中的其他大學市場營銷概論課程大綱樣本）」提示可以提供樣本，幫助模型更好地理解期望的輸出格式和內容。

這個提示詞力求全面，涵蓋了上述提示詞結構的原則，以期獲得一個更符合要求的「市場營銷概論」課程大綱。使用者可自行提供附件樣本以獲得最佳效果。讓我們使用上面的提示詞範例，輸入到 ChatGPT 4o，看看結果如何：

以下由 A.I. 生成

市場營銷概論課程大綱

1. **課程名稱**：市場營銷概論
2. **學期長度**：13 週
3. **授課時間**：每週一次，3 小時
4. **目標受眾**：商科本科二年級學生
5. **課程簡介**：本課程旨在為學生提供市場營銷的基本概念與實踐工具，幫助他們理解市場營銷在商業與現代經濟中的作用。課程將結合理論與實踐，通過案例分析、小組討論與實地研究，提升學生的市場營銷知識與實踐能力。

- **第 1 週：市場營銷概述與核心概念**

學習目標： 1. 理解市場營銷的基本定義與重要性。

2. 探討市場營銷的核心概念，包括需求、市場與價值創造。

主要內容： 1. 市場營銷的定義與演變。

2. 需求、願望與需求的區別。

3. 價值創造與交換過程。

閱讀材料： 《市場營銷管理》（Philip Kotler 等）第 1 章：市場營銷的定義與框架。

作業： 撰寫一篇 500 字小論文，分析日常生活中一個明顯的市場營銷案例（如一個品牌廣告或促銷活動）。

• 第 2 週：市場營銷環境分析

學習目標： 1. 認識宏觀與微觀市場營銷環境的組成。

2. 分析市場營銷環境對企業的影響。

主要內容： 1.PEST 分析與 SWOT 分析。

2. 微觀環境：競爭者、供應商與消費者。

閱讀材料： 《市場營銷管理》第 3 章：市場營銷環境。

作業： 小組討論並完成一個案例分析：分析某一行業（如科技、零售）的市場環境。

• 第 3 週：市場調研與數據分析

學習目標： 1. 掌握市場調研的基本流程與方法。

2. 理解數據在市場決策中的作用。

主要內容： 1. 市場調研方法：定性與定量。

2. 消費者數據的收集與分析。

閱讀材料： 《市場調研：理論與實踐》（Naresh K. Malhotra）第 1 章與第 3 章。

小組項目： 設計一份調查問卷，針對校園內某一產品或服務進行調研，並提交初步數據分析報告。

• 第 4 週：消費者行為與購買決策過程

學習目標： 1. 理解消費者購買行為的影響因素。
2. 探討購買決策的主要階段。

主要內容： 1. 消費者行為模型。
2. 心理、社會與文化影響因素。

閱讀材料： 《消費者行為學》（Michael R. Solomon）第 2 章：影響消費者行為的因素。

作業： 選擇一個特定的產品，分析其目標消費者的購買決策過程。

• 第 5 週：市場細分、定位與目標市場選擇

學習目標： 1. 掌握市場細分的基本方法。
2. 理解目標市場的選擇與市場定位的重要性。

主要內容： 1. 市場細分的標準（地理、人口、心理與行為）。
2. 定位地圖與 USP（獨特賣點）。

閱讀材料： 《市場營銷管理》第 7 章：市場細分與定位。

小組項目： 以小組為單位，為一個虛擬品牌設計市場細分與定位策略，並製作簡報。

• 第 6 週：產品與品牌管理

學習目標： 1. 探討產品的生命周期及其對市場營銷策略的影響。
2. 理解品牌管理的基本原則。

主要內容： 1. 產品生命周期（PLC）。
2. 品牌價值與品牌忠誠度。

閱讀材料： 《品牌管理：理論與實踐》（Kevin Lane Keller）第 4

章：品牌價值建構。

作業： 分析一個知名品牌的發展歷程，並解釋其定位的變化。

• 第 7 週：定價策略

學習目標： 1. 理解市場定價的基礎與策略選擇。

2. 認識價格對消費者行為的影響。

主要內容： 1. 成本導向、價值導向與競爭導向定價。

2. 折扣與促銷策略。

閱讀材料： 《市場營銷管理》第 11 章：定價策略與實踐。

作業： 選擇一個產品，分析其定價策略及市場反應。

• 第 8 週：分銷渠道與供應鏈管理

學習目標： 1. 理解分銷渠道的類型與功能。

2. 探討供應鏈管理對市場營銷的影響。

主要內容： 1. 渠道結構與設計。

2. 電商與實體渠道整合。

閱讀材料： 《市場營銷管理》第 12 章：分銷與供應鏈管理。

作業： 設計一個多渠道分銷策略，並進行案例展示。

• 第 9 週：促銷與整合營銷傳播（IMC）

學習目標： 1. 理解促銷組合的主要工具。

2. 探索 IMC 的概念與應用。

主要內容： 1. 廣告、促銷、公關與直銷。

2. 數字營銷與社交媒體的角色。

閱讀材料： 《市場營銷傳播》（Michael A. Belch / George E. Belch）第 3 章：促銷策略概述。

作業： 設計一個為期一周的社交媒體營銷活動，包括內容與目標設定。

• 第 10 週：數字營銷與電子商務

學習目標： 1. 理解數字營銷的基本框架。
2. 探討電子商務對市場營銷的影響。

主要內容： 1. 搜索引擎優化（SEO）與數據分析。
2. 電子商務平台與用戶體驗設計。

閱讀材料： 《數字營銷基礎》（Dave Chaffey）第 2 章：數字營銷框架。

小組項目： 設計一個小型電子商務網站的營銷計劃。

• 第 11 週：全球市場營銷

學習目標： 1. 探討全球市場營銷的挑戰與機會。
2. 理解文化多樣性對市場策略的影響。

主要內容： 1. 全球市場進入模式（如出口、合資、直接投資）。
2. 異文化市場中的溝通策略。

閱讀材料： 《國際市場營銷》（Philip R. Cateora）第 5 章：文化與市場行為。

作業： 分析一個跨國企業的市場進入策略，並提出改進建議。

• 第 12 週：市場營銷道德與社會責任

學習目標： 1. 理解市場營銷活動中的道德問題。
2. 探討企業社會責任（CSR）的重要性。

主要內容： 1. 綠色營銷與可持續發展。
2. 虛假廣告與消費者權益保護。

閱讀材料： 《市場營銷倫理》（Patrick E. Murphy）第 7 章：道德與決策。

作業： 撰寫一篇報告，分析一個企業的市場營銷道德問題及其影響。

- **第 13 週：總結與期末項目展示**

學習目標： 1. 回顧課程內容，總結所學知識。
2. 展示期末小組項目成果。

主要內容： 1. 總結市場營銷的核心概念。
2. 小組項目展示與反饋。

期末項目： 針對一個實際品牌，設計完整的市場營銷計劃，包括市場調研、定位策略、促銷活動與財務預算。

評分標準： 1. 小組項目：40%　2. 作業與案例分析：30%
3. 課堂參與與討論：20%　4. 期末考核：10%

這份課程大綱旨在幫助學生從理論與實踐兩個層面全面掌握市場營銷知識，為未來的商業職業發展奠定基礎。

完

基本上，一個非常完整的課程大綱不需要一分鐘就馬上出來了！所以懂得如何運用人工智能及提示詞，工作效能絕對是事半功倍！

為了方便各位讀者，筆者這裡提供一個先前創建的提示詞設計機器人（https://poe.com/Prompt_Designer_AI）給大家使用。這個 AI 提示詞工程師機器人簡化了提示詞概念，尤其適合初學者，並可以指導用戶創建有效的 AI 提示詞。它會詢問用戶所期望的 AI 角色、任務、背景和需求。然後，機器人會精心設計一個全面的提示給大家使用。

圖片 GenImage 的提示詞結構與模板

想要創作出令人驚豔的 GenImage 圖像？

關鍵在於撰寫一個精準、詳盡的提示詞。這並非隨意堆砌詞彙，而是需要策略性的思考與精確的表達。記住！這些 GenImage 模型並非單純的指令執行器，而是需要藝術家般的細膩引導，才能產生令人滿意的作品。

以下，我們將逐步拆解如何寫出一個優秀的 GenImage 提示詞，讓你的創意化為栩栩如生的數位藝術。

1. **主題、物件與角色的細節設定**：這如同建築的藍圖，奠定作品的基調。切勿含糊其辭。例如，別只寫「貓」，而應寫「一隻毛色為橘白相間、慵懶地蜷縮在陽光灑落的窗台上、眼睛半瞇的波斯貓」。越精確的描述，生成的圖像越符合你的預期。你可以考慮角色的性格、年齡、服裝、表情，物件的材質、紋理、大小，以及主題的氛圍和背景故事。細節決定成敗，越多的細節描述，圖像生成的結果就越精準。

   值得留意的是，與文字生成模型不同，圖像生成模型更偏好描述性的提示詞，而非指令式的語句。例如，想生成畢加索風格的畫作，應避免使用「你是畢加索機器人，你將生成畢加索風格的畫作」這種指令式語句。更有效的做法是直接描述：「油畫，畢加索風格」。這種描述性的方式，讓模型更能理解你想要的藝術風格和畫面氛圍。

2. **動作的描繪**：靜態的圖像容易顯得平淡無奇。賦予你的主題、物件或角色動態的動作，能讓畫面更生動。例如，別只寫「一隻貓」，可以寫「一隻貓優雅地跳躍，準備捕捉空中飛舞的蝴蝶」。動作的描述需要考慮動作的幅度、速度、以及角色的姿態，力求生動形象。

提示詞越具體、越詳細，生成的圖像就越接近你的預期。避免使用籠統的詞彙，例如「風景」，應改為「棕櫚樹環繞的沙灘上，夕陽西下的美麗景色」。你可以使用逗號或其他標點符號，將多個元素或風格描述串聯起來，例如：「美麗的日落，雨天，油畫，梵高風格」。這種方式能更精準地傳達你的創作意圖。

3. **色彩與光影的運用**：「色彩」和「光影」是塑造畫面氛圍的關鍵。明確指定你想要的色彩，例如「飽和的紅色」、「柔和的藍色」、「陰影深邃的紫色」。描述光源的類型、方向和強度，例如「夕陽西下，金色的陽光灑落在貓的身上」、「昏暗的街燈照亮了雨夜的街道」。光影的運用能營造出不同的氣氛，例如「神秘、浪漫、緊張」等等」。

4. **繪畫風格的細緻描述**：GenImage 支援多種繪畫風格，例如「寫實主義、「印象派」、「賽博朋克」、「卡通風格」等等。明確指定你想要的風格，並盡可能提供更詳細的描述，例如「以迪士尼動畫風格繪製」、「採用精細寫實的風格」，注重細節的刻畫」、「賽博朋克風格」，「充滿霓虹燈和科技感」。你也可以參考一些藝術家的風格，例如「像吉卜力電影中的畫面」或「模仿梵高的筆觸」。

5. **負面提示詞的運用（Negative Prompts）**：這一步驟能有效過濾掉不想要的元素，讓生成的圖像更符合你的預期。善用負面提示詞，能有效提升圖像的品質。尤其是 Stable Diffusion 和 Playground 等 GenImage 模型均支援負面提示詞，讓你指定圖像中不希望出現的元素。例如，如果你不想要模糊的圖像，可以加入 --no blurry, --no deformed 等等，能有效提升圖像的清晰度和完整性。

撰寫一個優秀的 Genimage 提示詞，需要你對主題有深入的理解，並能運用精確的語言將你的想法表達出來。不斷嘗試和實驗不同的提示詞，你將逐步掌握技巧，創作出令人驚豔的數位藝術作品。記住，細節決定成敗，越精確的描述，越能得到你理想中的圖像。

同樣地，為了方便各位讀者，筆者這裡提供另一個 GenImage 的提示詞設計機器人（https://poe.com/Image_Prompt_Wizard）給大家使用。這個機器人旨在幫助你生成圖像。你有兩種選擇來與它互動：

- **選項 1**：輸入「我想要一個圖像提示」：{ 分享你的想法和創意 }
- **選項 2**：只需上傳一張圖像，這個機器人將為你處理其餘的工作！機器人將分析你上傳的圖像，提供詳細的描述，然後生成一個全面的圖像生成提示詞。

影片 GenVideo 的提示詞結構與模板

撰寫有效的影片生成提示詞，關鍵在於描述而非指令。這與文字生成模型截然不同，文字生成模型更傾向於接受直接的指令。而影片生成，則需要引導模型「看見」你心中的畫面。最佳的提示詞結構，應包含以下幾個要素：風格、攝影角度、人物／場景描述、動作動詞、背景／環境／場景設定，以及額外的資訊或參數，甚至可以加入負面提示詞來排除不想要的元素。

讓我們以幾個範例來説明，並逐步分析其構成要素：

- **範例一：強調動作與氛圍**

  1. 提示詞：Cyberpunk. High angle shot. A lone figure in a trench coat, running through a neon-drenched alleyway, pursued by robotic drones. Rain. --speed 1.5 --zoom out

  2. 分析：此提示詞設定了賽博朋克風格（Cyberpunk），採用高角度拍攝（High angle shot），描述一個穿著風衣的孤獨身影（A lone figure in a trench coat）在霓虹燈照耀的小巷中奔跑（running through a neon-drenched alleyway），並被機器人追逐（pursued by robotic drones）。“Rain”營造了雨天的氛圍，--speed 1.5 加快影片速度，--zoom out 則讓鏡頭逐漸拉遠，營造出緊張感與壓迫感。

- **範例二：著重細節與光影**

  1. 提示詞：Impressionistic. Close-up. A young woman's face, tears streaming down, illuminated by a single candle flame. Soft focus. --rotate cw

  2. 分析：此提示詞採用印象派風格（Impressionistic），以特寫鏡頭（Close-up）呈現一位年輕女性的面容（A young woman's face），淚水順著臉頰流下（tears streaming down），唯一的燈光來源是燭光（illuminated by a single candle flame）。“Soft focus” 營造了柔和的焦點效果，--rotate cw 則讓鏡頭緩慢順時針旋轉，更能體現人物的情緒。

- **範例三：簡潔明瞭的描述**

1. 提示詞：Realistic. Medium shot. Two friends laughing, sharing a picnic in a sunny meadow. --aspect 16:9

2. 分析：此提示詞風格寫實（Realistic），採用中景拍攝（Medium shot），描述兩個朋友在陽光明媚的草地上野餐並開懷大笑（Two friends laughing, sharing a picnic in a sunny meadow）。--aspect 16:9 則指定了 16:9 的長寬比，適合一般螢幕觀看。

這些範例展現了提示詞的多樣性，你可以根據不同的需求和創意，調整風格、角度、描述和參數，創造出獨一無二的影片。記住，關鍵在於清晰地描述你腦海中的畫面，並利用參數來控制影片的細節和動態效果。

與圖片生成模型（例如 Midjourney）不同，影片生成通常更偏好簡潔的提示詞。冗長且過於細節的描述，反而可能讓模型難以理解，甚至產生負面效果。因此，精煉的語言和關鍵字的運用至關重要。

為了提升影片的動態性和電影感，加入攝影機的動作指令是不可或缺的一環。這些指令通常以參數的形式呈現，例如 --zoom（in/out）用於控制縮放，--rotate（cw/ccw）控制旋轉（順時針 / 逆時針），--tilt（up/down）控制傾斜，以及 --pan（left/right）控制水平移動。巧妙地運用這些參數，可以讓生成的影片更具視覺衝擊力和敍事張力。例如，可以加入 --zoom in --pan right 來營造一種追蹤鏡頭的效果，或者使用 --tilt up 來展現宏偉的場景。

撰寫有效的影片生成提示詞需要技巧和練習。記住，描述比指令更有效，簡潔比冗長更佳，而適當的攝影機動作指令則能為影片增色不少。透過不斷嘗試和調整，你將能掌握訣竅，生成出符合你預期，甚至超越你預期的精彩影片。持續探索不同的風格、角度、描述方式和參數組合，你會發現影片生成的可能性是無限的。別害怕實驗，從每一次的嘗試中學習，你將成為影片生成提示詞的大師。

最後，同樣地，為了方便各位讀者，筆者這裡提供另一個 GenVideo 的提示詞設計機器人（https://poe.com/Video_Prompt_Creator）給大家使用。

這個 GenVideo 的提示詞設計機器人旨在簡化創建影片提示詞的過程，尤其適合入門用家。這個工具通過兩個簡單的選項來簡化創作流程：

- **選項 1**：分享你的想法和創意：只需描述你的視覺概念，這個工具就會將其結構化成有效的提示。
- **選項 2**：上傳一張圖像：根據這張圖像，影片提示詞生成器會精心設計一個詳細的提示詞，並融入了風格、鏡頭角度、角色描述、動作和場景等基本元素。它會自動遵循最佳提示詞實踐和角色限制，以優化影片生成。

使用影片提示生成器，你不需要是提示詞工程的專家。只要分享你的創意視野，這些工具將為你處理其餘的工作，幫助你輕鬆將富有想象力的影片概念變為現實。

提示詞 Prompt 詞匯

寫實與擬真風格

超寫實主義 Hyperrealism -- 極致模擬真實場景，細節逼近照片級別。

寫實主義 Realism -- 還原真實世界的光影、質感與比例。

擬真渲染 Photorealistic Rendering -- 電腦渲染效果，常用於電影特效。

寫實動畫 Realistic Animation -- 模仿真實動態的動畫風格。

寫實插畫 Realistic Illustration -- 細節精緻的插畫，接近攝影效果。

寫實攝影 Cinematic Photography -- 借鑒電影畫面構圖與色調感。

超擬真角色 Hyper-realistic Character -- 虛擬真人皮膚、表情動態。

寫實場景 Realistic Scene -- 還原真實地理環境或歷史場景的設計。

擬真材質 Realistic Material -- 模擬金屬、玻璃、皮膚等真實材質的屬性。

寫實光影 Natural Lighting -- 基於真實世界光線規律的照明設計。

構成主義 Constructivism -- 工業材料、幾何形狀組合，注重結構與功能。

北歐簡約 Nordic Minimalism -- 簡約、自然，注重色彩柔和、淡雅。

新中式 New Chinese -- 傳統中式融入現代理念，具古典與時尚感。

波普藝術 Pop Art -- 色彩鮮豔、形象誇張，具有強烈的流行感。

動畫與漫畫風格

卡通 Cartoon -- 簡化線條、誇張表情的動畫風格，如迪士尼作品。

動漫（日系）Anime-- 日本動漫畫的風格，以大眼、流線型設計。

美漫 American Comic -- 美式漫畫的粗獷線條，如漫威、DC 作品。

水彩動畫 Watercolor Animation -- 以水彩畫質感呈現的柔和動畫。

黏土動畫 Claymation -- 定格動畫的一種，使用黏土模型拍攝。

賽博龐克 Cyberpunk -- 科幻中與未來廢土風格，備高科技與黑暗氛圍。

蒸汽龐克 Steampunk -- 維多利亞時代與機械科技結合的復古科幻風格。

復古動畫 Retro Animation -- 20 世紀中葉動畫的簡約線條與色彩。

抽象動畫 Abstract Animation -- 以幾何形狀、色彩變化非敘事性風格。

低 poly Low-poly -- 以少數多邊形構成的簡化 3D 風格，具藝術質感。

科幻與奇幻風格

太空科幻 Space Sci-fi -- 宇宙、星艦、外星環境的科幻視覺。

奇幻寫實 Fantasy Realism -- 將魔法生物與寫實場景結合的奇幻風格。

克蘇魯 Lovecraftian -- 詭異、扭曲的宇宙恐怖風格，源自克蘇魯神話。

生物機械 Biomechanical -- 有機體與機械結合的設計，如《異形》系列。

未來主義 Futurism -- 未來科技，具動感線條、機械元素與強烈色彩。

異星 Alien -- 虛構外星世界的獨特生態與建築，充滿未知感。

魔法寫實主義 Magical Realism -- 現實場景中融入奇幻元素的微妙平衡。

後末日 Post-apocalyptic -- 廢墟、資源匱乏的末日世界觀。

星際朋克 Starpunk -- 太空時代的朋克反叛美學，結合破敗與高科技。

虛擬現實 Virtual Reality -- 模擬數字世界的賽博空間視覺。

神話 Mythological -- 古希臘、北歐等神話題材的莊嚴藝術史詩感風格。

故障藝術 Glitch Art -- 類比數位信號故障、扭曲、破損等獨特視覺效果。

特色風格

民俗 Folklore -- 傳統文化元素的視覺風格，如中國年畫、日本浮世繪。

童話 Fairy Tale -- 夢幻柔和的色彩與童話場景，如迪士尼公主系列。

恐怖 Horror -- 陰暗、血腥或詭異的視覺表達，用於驚悚題材。

萌系 Kawaii -- 可愛化設計，常見於日系動漫與角色設計。

搖滾 Rock -- 強烈色彩對比、金屬質感與叛逆符號，如樂隊視覺設計。

賽車 Racing -- 速度感線條、霓虹燈與機械細節，常用於賽博龐克題材。

水下 Underwater -- 藍綠色調、光線折射與海洋生物的神秘氛圍。

節日 Festival -- 聖誕、萬聖節等節日的特定視覺元素（如彩燈、南瓜）。

蒸汽煙霧 Vapor -- 朦朧煙霧與暖色光暈的復古氛圍。

像素藝術 Pixel Art -- 8-bit/16-bit 復古遊戲的像素化視覺。

木刻版畫 Woodcut -- 木質雕刻刀痕呈現粗獷線條，黑白對比強烈質感。

浮世繪 Ukiyo-e -- 日本江戶時代傳統版畫，以繪美人、風景與神話。

低解析度 Low-Resolution -- 降低圖片像素，模擬早期電腦畫面質感。

哥特式 Gothic -- 中世紀建築，以尖拱、飛扶壁、花窗營造莊嚴氛圍。

藝術與設計風格

印象派 Impressionism -- 模仿 19 世紀印象派繪畫的光影與色彩。

新印象派 Neo-Impressionism -- 強調科學色彩理論與光線分解。

野獸派 Fauvism -- 濃烈色彩與粗獷筆觸的表現主義風格，源自馬蒂斯。

立體主義 Cubism -- 多視角幾何碎片化的抽象藝術，畢加索代表風格。

畢加索 Picasso-esque -- 以畢加索作品為典範，強調碎片化與抽象重組。

塗鴉藝術 Graffiti -- 街頭塗鴉的鮮明色彩與隨性線條，充滿叛逆感。

扁平設計 Flat Design -- 簡化陰影層次的 2D 設計，常用於 UI/UX 領域。

極簡主義 Minimalism -- 以「少即是多」為核心，去除多餘裝飾的設計。

復古未來主義 Retro-futurism -- 80 年代科幻元素與現代結合。

巴洛克 Baroque -- 17 世紀華麗繁複的藝術風格，強調動態與裝飾性。

洛可可 Rococo -- 18 世紀精緻優雅藝術風格，輕盈曲線與柔和為特徵。

蒸汽波 Vaporwave -- 90 年代網絡文化的風格，融合低保真與夢幻色彩。

拼貼藝術 Collage -- 將各類異質素材拼合，創造超現實拼貼效果。

數字拼貼 Digital Collage -- 電腦合成多種圖像元素，實現奇幻視覺衝擊。

點彩派 Pointillism -- 以密集色點堆砌畫面，近看充滿顆粒感與律動。

線條藝術 Line Art -- 以單純線條構圖，突出形態結構的抽象美感。

連續線條畫 Continuous Line Drawing -- 用一筆連續線條勾勒物體。

水墨畫 Chinese Ink Wash Painting -- 以毛筆與水墨繪畫，充滿東方禪意。

潑墨技法 Splatter Ink Technique -- 隨性潑灑墨汁，形成自然抽象效果。

歐普藝術 Op Art -- 用幾何圖形和色彩對比，營造出視覺錯覺衝擊力。

新藝術運動 Art Nouveau -- 強調自然形態線條，常運用在建築藝術中。

至上主義 Suprematism -- 幾何圖形和純色構成，抽象與精神表達。

孟菲斯 Memphis -- 運用明亮鮮豔色彩、不規則幾何圖形，具反叛精神。

新古典主義 Neo-Classicism -- 古典藝術與現代審美結合，色彩沉穩。

光影風格

倫勃朗光 Rembrandt Lighting -- 臉部側面明暗對比強烈，突出立體感。

蝴蝶光 Butterfly Lighting -- 臉部正上方打光，鼻下形成蝴蝶狀陰影。

環形光 Loop Lighting -- 上方打光，臉部側面現環形陰影，增強立體感。

輪廓光 Rim Lighting -- 強化主體邊緣輪廓，與背景分離。

頂光 Top Lighting -- 頂部垂直打光，下方陰影濃重，風格莊重或冷酷。

底光 Bottom Lighting -- 底部向上打光，效果詭異，常用於恐怖題材。

漫射光 Diffused Lighting -- 光線均勻柔和，降低對比度，畫面細膩溫和。

動態光影 Dynamic Lighting -- 閃爍移動光影，增強畫面動感與戲劇性。

剪影效果 Silhouette Effect -- 強逆光下主體呈黑色輪廓，突出形態。

戲劇性光影 Dramatic Lighting -- 極端明暗對比，增緊張感或視覺衝擊。

構圖風格

三角形構圖 Triangular Composition -- 元素組成三角形，體現均衡感。

S 形構圖 S-Curve Composition -- S 形線條增加韻律感，適用風景延伸。

圓形構圖 Circular Composition -- 環繞圓形排列，引導視線突出整體。

散點構圖 Scatter Composition -- 多元素分散佈局，營造輕鬆自由氛圍。

對比構圖 Contrast Composition -- 通過大小 / 色彩 / 明暗對比突出主體。

前景構圖 Foreground Composition -- 前景元素襯托主體，豐富空間感。

留白構圖 Negative Space Composition -- 留白突出主體簡潔，營造意境。

分層構圖 Layered Composition -- 多層次元素疊加，提升畫面立體感。

放射狀構圖 Radial Composition -- 從中心點放射，聚焦視線擴張感。

攝影視角風格

仰視 Low-Angle -- 從下往上拍攝，誇張主體高度，增強氣勢。

特寫 Close-Up -- 聚焦局部細節（如面部、紋理），強化特徵。

中景 Medium-Range -- 拍攝主體主要部分，兼具主體與環境背景。

全景 Panoramic -- 寬廣取景展現宏大場景或開闊視野。

斜側 Oblique -- 側面傾斜角度拍攝，增強立體感與空間層次。

蟲眼 Worm's-Eye -- 極低角度貼近地面拍攝，形成誇張透視獨特視覺。

高空 Aerial -- 飛機 / 無人機高空拍攝，呈現大範圍壯觀場景。

動態跟拍 Tracking Shot -- 跟隨運動主體移動拍攝，捕捉連續動態。

旋轉 Rotating -- 圍繞主體旋轉拍攝，展示多方位細節。

晃動 Shaky -- 晃動鏡頭營造不穩定、緊張或紀實氛圍。

穿越 Through -- 透過窗戶、樹葉等物體拍攝，增加層次與故事感。

長焦 Telephoto -- 長焦鏡頭壓縮空間，拉近遠處主體與背景距離。

顏料及顏色風格

古典油畫 Classical Oil Painting -- 濃鬱色調，再現傳統油畫的藝術感。

水彩淡雅 Watercolor Pastel -- 輕柔色彩營造清新自然氛圍。

高飽和度 High-Saturations -- 鮮豔濃烈色彩增強視覺衝擊，增加熱情感。

低飽和度 Low-Saturation -- 柔和淡雅色調營造寧靜舒緩氛圍。

類似色搭配 Analogous Color -- 相鄰色協調統一，帶來和諧舒適體驗。

漸變色 Gradient Color -- 色彩平滑過渡，營造流暢夢幻的視覺體驗。

螢光色 Neon Color -- 艷麗螢光色體現現代時尚感，視覺醒目突出。

復古色彩 Vintage Colors -- 模擬舊照片泛黃 / 復古年代氛圍粉彩。

色彩拼接 Color Patchwork -- 多色塊拼接創造活潑有趣的視覺效果。

色彩融合風格 Color Blending -- 色彩自然暈染過渡，似印象派柔效果。

冷色調為主 Cool-Toned -- 以藍 / 綠 / 紫為主，營造冷靜神秘氛圍。

暖色調為主 Warm-Toned -- 以紅 / 橙 / 黃為主，傳遞溫暖熱情感受。

14

Chapter

AI 在教育市場的應用場景

* 此部分由創藝飛凡創辦人陳嘉輝先生代筆

引言：A.I. 在教育市場的定位

還記得過去幾年，當 ChatGPT 剛剛面世的時候，我和高峰便看到 A.I. 在教育界的應用潛力，於是我們開始研究 A.I. 在教育界不同場景的應用，並且設計教師培訓課程，希望協助教育界掌握新技能之餘，也可以運用這個工具減輕工作量，提升效率。過去幾年，我們走訪了香港的不同學校，包括中學、小學、幼稚園，見證了無數教育現場的真實挑戰與蛻變。每當我踏入校園，通常一開始會聽到「A.I. 會取代老師嗎？」，而當我們完成培訓後，我們很欣慰聽到「如何讓 A.I. 幫我搶回時間，做真正重要的事！」

其實 A.I. 從不是「取代者」，而是教師的「效率夥伴」，它像一位隱形的助手，默默分擔重複性工作、激發教學創意，並將行政瑣事化繁為簡。舉例而言，當一位語文老師埋頭批改作文時，A.I. 能自動標註常見語法錯誤；當幼教老師苦思節慶活動設計時，A.I. 可生成十種跨領域教案原型；當行政團隊熬夜整理會議紀錄時，A.I. 已將口語討論轉為結構化行動清單。這些場景，正是教育工作者與 A.I. 協作的日常縮影。

然而，這份協作的起點，始於理解教師最迫切的需求：

1. **時間不足**：備課、出題、會議紀錄。教師平均每週花費 12 小時在行政與重複性任務上，擠壓了教學創意與學生互動的空間。
2. **創意枯竭**：面對多元學生需求與快速變動的課程大綱，如何持續設計吸引人的課程活動？
3. **行政負擔**：從家長溝通到評量報告，繁瑣文書工作耗盡教育者的熱情。

這正是 A.I. 的價值 —— 將機械性工作交給演算法，讓教師回歸最核心的角色 —— 啟發者、引路人，以及無法被取代的「人性化教育」靈魂。

下面，我將透過真實案例，帶你看見 A.I. 如何具體化解這些痛點，並重新定義教育現場的「高效」與「溫度」。

核心應用場景與案例：

1. 題目設計與分層教學：A.I. 如何成為跨學科的「創意題庫引擎」

- **案例一：中文閱讀理解 —— 讓故事成為學習的橋樑**

一位小學三年級的中文老師曾向我吐苦水：「學生覺得閱讀理解枯燥，但我光找一篇適合的短文就要翻遍十幾本教材，更別説設計問題了！」我請她使用文字型生成式 A.I. 輸入指令：{你是一名中文老師，請為小三（8 歲）學生設計一份閱讀理解練習。首先，生成一篇 500 字短文，主題『寵物狗』，附帶「10 題短答題」以及「5 題多選題」。}一分鐘後，她的螢幕跳出：

以下由 A.I. 生成

我家的寵物狗 —— 雪球

我有一隻超可愛的寵物狗，叫「雪球」。它渾身雪白，就像剛從雪堆裡滾出來一樣，眼睛黑溜溜的，像兩顆黑寶石，濕漉漉的鼻子總是這兒嗅嗅，那兒聞聞。四條小短腿跑起來特別快，毛茸茸的尾巴搖來搖去，十分招人喜歡。

雪球特別貪吃。有一次，我拿著一塊香噴噴的肉，故意舉得高高的逗它。它後腿站立，兩隻前爪不停地上下晃動，眼睛緊緊盯著肉，嘴裡「汪汪」直叫，那模樣好像在説：「快給我，我都快饞死啦！」我剛把肉扔出去，它就像箭一樣沖出去，一口接住，三兩下就吞進了肚子，吃完還意猶未盡地舔舔嘴巴，眼巴巴地望著我，似乎在期待我再給它一塊。

雖然雪球貪吃，但它特別聰明。我教它握手，只教了幾次，它就學會了。每次我一説「握手」，它就會立刻伸出小爪子，放在我的手上。要是我還沒獎勵它，它就會一直舉著爪子，不肯放下，模樣十分滑稽。

在我傷心的時候，雪球會安靜地趴在我腳邊，用腦袋蹭我的腿，彷彿在安慰我：「別難過啦，有我陪著你呢。」當我開心玩耍時，它也會跟在我身後，上躥下跳，盡情撒歡。

雪球已經成為我生活中不可缺少的小夥伴，它給我帶來了無盡的歡樂，我希望能一直陪著它長大！

- **短答題：**

1. 小狗的名字叫什麼？它的毛色是什麼樣的？
2. 雪球的眼睛和鼻子是什麼樣子的？
3. 文中提到雪球有幾條腿？跑起來有什麼特點？
4. 雪球在「我」拿著肉逗它時，做出了哪些動作？
5. 雪球吃完肉後，有什麼表現？
6. 雪球學會了什麼技能？是怎麼學會的？
7. 「我」傷心時，雪球會做什麼？
8. 「我」開心玩耍時，雪球又會有什麼舉動？
9. 雪球在「我」生活中扮演著怎樣的角色？
10. 作者希望和雪球有怎樣的未來？

- **多選題：**

1. 以下哪些描述符合雪球貪吃的特點？（　）

A. 看到肉後腿站立，前爪晃動　B. 一口接住扔出去的肉
C. 吃完肉意猶未盡舔嘴巴　D. 聽到「握手」就伸出爪子

2. 雪球聰明表現在哪些方面？（　）

A. 很快學會握手　B. 能安慰傷心的「我」
C. 陪「我」開心玩耍　D. 學會叼東西

3. 當「我」情緒變化時，雪球會做出相應舉動，下面說法正確的是（　　）

A.「我」傷心，雪球安靜陪伴　B.「我」開心，雪球上躥下跳

C.「我」生氣，雪球躲起來　D.「我」無聊，雪球不理「我」

4. 關於雪球外形的描述，正確的是（　　）

A. 渾身雪白　B. 眼睛黑溜溜

C. 鼻子濕漉漉　D. 尾巴短短的

5. 作者對雪球有著怎樣的感情？（　　）

A. 喜愛　B. 厭煩

C. 依賴　D. 不在乎

完

「這比我自己寫的更貼近孩子的生活！」那中文老師驚喜道。

- **成果**：時間節省——從 1 小時的課程準備縮短至 1 分鐘。

- **案例二：英文閱讀理解——打破語言學習的枯燥高牆**

有一次，一位英文老師焦慮地說：「學生一看到長篇英文就抗拒，但我沒時間設計有趣的主題文章。」我示範使用文字型生成式 A.I. 輸入指令：{Generate a 300-word essay about dolphins for Primary 3 students, with 10 comprehension questions including MCQs and short answers.} 一分鐘後，她得到：

以下由 A.I. 生成

Dolphins : Our Ocean Friends

Dolphins are one of the most amazing animals in the ocean. They look very cute with their curved mouths, as if they are always smiling at us. Their bodies are streamlined, which helps them swim very fast in the water. Their smooth, gray skin feels rubbery.

Dolphins are very social animals. They live in groups called pods. In a pod, dolphins help each other find food and take care of the young ones. They love to play. Sometimes, they leap out of the water, spin around, and dive back in. They also like to swim alongside boats, as if they are racing with them.

These clever creatures use sounds to "talk" to each other. They make clicking, whistling, and squeaking sounds. They also use sound waves to find food and navigate. It's like they have their own secret language!

Dolphins are very important for our ocean's ecosystem. They eat fish, which helps keep the fish population in balance. Without dolphins, the number of fish could grow too large or too small, and this would affect other animals in the ocean.

Sadly, dolphins are in danger. Some people hunt them for meat, and pollution from factories makes their home, the ocean, dirty. We need to protect them. We can start by not littering in the ocean and by telling others how important dolphins are. Let's work together to make sure dolphins can keep swimming in our clean oceans for a long, long time!

• Comprehension Questions

1.What do dolphins look like? (Answer: C)

A. They have straight mouths.

B. Their bodies are round.

C. They have curved mouths and streamlined bodies.

2.What are groups of dolphins called? (Answer: B)

A. Herds

B. Pods

C. Flocks

3.How do dolphins "talk" to each other? (Answer: A)

A. By making sounds like clicking, whistling, and squeaking.

B. By using their fins to send signals.

C. By changing the color of their skin.

4.Why are dolphins important for the ocean's ecosystem? (Answer: B)

A. They eat seaweed to keep it from over - growing.

B. They help keep the fish population in balance.

C. They clean the ocean floor.

5.What is one reason dolphins are in danger? (Answer: B)

A. There is too much sunlight in the ocean.

B. People hunt them for meat.

C. They don't have enough food.

6.How can we help protect dolphins? (Answer: C)

A. Litter in the ocean.

B. Hunt more fish so dolphins have less competition.

C. Not litter in the ocean and tell others about the importance of dolphins.

7.Describe one way dolphins play.

Answer : They leap out of the water, spin around, and dive back in. / They swim alongside boats as if they are racing.

8.What does the smooth, gray skin of dolphins feel like?

Answer: It feels rubbery.

9.Why do dolphins use sound waves?

Answer : They use sound waves to find food and navigate.

10.What will happen if there are no dolphins in the ocean?

Answer : The number of fish could grow too large or too small, and it would affect other animals in the ocean.

完

「連『生態保護』的價值觀都融進去了，這正是我想教的！」那英文老師興奮地調整了兩題，立刻用於隔天課堂。

- **成果：**

  1. 吸引力提升：學生主動詢問「為什麼海豚會用回聲定位？」。
  2. 跨領域連結：自然科教師借用文章設計「海洋生物」單元。

- **案例三：題目設計與分層教學 —— 讓 A.I. 成為你的「題庫生產線」**

去年到一間學校做培訓的時候，一位小學三年級老師和我們分享：「學校經常要出題目給學生練習，但是可以用的題目庫都已經用得七七八八，我每天熬夜編不同難度的題目，實在撐不住了」。我請他使用我們教導的 A.I. 下達一個簡單指令：｛你是一名小學數學科老師，請為小學三年級的學生（8 歲），設計 20 題小三數學應用題，兩位數除一位數，結合生活情境，分為基礎題（整數答案）與進階題（含餘數）。｝一分鐘後，他的螢幕上跳出：

以下由 A.I. 生成

- **基礎題：**

1. 小明有 48 顆糖果，他想平均分給 6 個小朋友，每個小朋友能得到幾顆糖果？
2. 老師買了 72 支鉛筆，打算平均分給 8 個小組，每個小組可以分到幾支鉛筆？
3. 媽媽烤了 56 個小蛋糕，要裝在 7 個盤子裡，平均每個盤子裝幾個小蛋糕？
4. 學校組織跳繩比賽，一共準備了 96 根跳繩，平均分給 8 個班級，每個班級能分到幾根跳繩？
5. 超市進了 81 瓶飲料，要擺成 9 排，平均每排擺幾瓶飲料？
6. 圖書館新到 63 本故事書，要放在 7 個書架上，平均每個書架放幾本故事書？
7. 手工課上，老師帶來 42 張彩紙，平均分給 6 個小組，每個小組能拿到幾張彩紙？
8. 果園裡摘了 88 個蘋果，用 8 個籃子裝，平均每個籃子裝多少個蘋果？
9. 舞蹈老師有 77 朵小紅花，要獎勵給 7 個表現好的小朋友，每人能得到幾朵小紅花？
10. 爸爸買了 90 個橘子，平均分給 9 個人，每個人可以分到幾個橘子？

- **進階題：**

1. 王老師有 58 支彩筆，想平均分給 7 個小朋友，每個小朋友能分幾支？還剩幾支？
2. 李阿姨做了 47 個包子，要裝在 6 個蒸籠裡，平均每個蒸籠裝幾個？還剩幾個？

3. 有 65 個氣球，要分給 8 個小朋友，每個小朋友能分到幾個氣球？還剩幾個？
4. 張叔叔買了 76 個梨，裝在 9 個袋子裡，平均每個袋子裝幾個梨？還剩幾個？
5. 學校買來 83 本練習本，平均分給 9 個班級，每個班級能分到幾本？還剩幾本？
6. 媽媽買了 53 顆草莓，分給 6 個小朋友，每個小朋友能分幾顆？還剩幾顆？
7. 爺爺收穫了 73 個玉米，用 8 筐來裝，平均每個筐裝幾個玉米？還剩幾個？
8. 烘焙課上，老師準備了 62 塊餅乾，要平均分給 7 個小組，每個小組能分到幾塊？還剩幾塊？
9. 體育老師有 92 根跳繩，分給 9 個班級，每個班級能分到幾根跳繩？還剩幾根？
10. 商店老闆進了 49 個玉具，要放在 6 個貨架上，平均每個貨架放幾個玩具？還剩幾個？

完

而 A.I. 的優勢在於：

- **批量客製化**：一次生成 20 題。
- **即時調整**：若發現「除數 7」的題型不足，只需追加指令：「增加除數 7 的進階題」。

我曾統計，教師手動編寫 20 題平均需 2 小時。透過 A.I.，1 分鐘內產出的題庫不僅節省時間，更隱含「分層教學」的專業邏輯——例如在案例中，A.I. 會自動將「體育老師有 92 根跳繩，分給 9 個班級」設定為進階題（答案含餘數），而「果園裡摘了 88 個蘋果，用 8 個籃子裝」則設計為基礎題（整除）。

「這麼快可以設計好這些題目，我不用這麼煩惱了」他笑道。

「是的，但是你要每一條題目細心審閱，看看有沒有出現問題的地方。」我提醒他。

不久，老師真的發現有一些題目出現了邏輯問題，這是為什麼呢？原來，現在的 A.I. 在邏輯分析上還不算是很成熟，如果只是處理一些簡單的數理化問題仍然可以應付；可是要處理一些較高階，或者邏輯較複雜的題目的時候，會出現邏輯錯誤。當然這個情況是截至我在寫這個篇章的時候，A.I. 的發展越來越快，或許你讀到這個篇章的時候，有機會 A.I. 的發展已經成熟地解決了這個問題。（哈）

無論如何，大家應該緊記一個法則，就是應用 A.I. 的時候，不能夠盲目盡信 A.I. 出來的結果，必須要自己小心檢查一次，才是一個負責任的做法。

下一段，我們將探索 A.I. 如何化身「跨領域創意夥伴」── 從教室壁報的佈置創作到標語設計，讓設計不再耗時燒腦。

2. 激發靈感：讓 A.I. 化身「創意協作夥伴」

• 案例四：教室壁報的佈置創作

有一次，我們到幼稚園進行老師培訓，張老師舉著雜亂的壁報草稿嘆氣：「聖誕佈置年年做，但總缺了點『驚喜感』！」於是我請她運用文字型生成式 A.I.，嘗試一個簡單指令：｛你是一名負責佈置教室壁報的老師，我現在希望佈置教室壁報，而準備迎接聖誕節，請為我提供 5 個教室壁報的佈置創作靈感。｝一分鐘後，她的螢幕上跳出 5 款聖誕節壁報提案：

以下由 A.I. 生成

1. **聖誕故事互動牆**：在壁報上繪製經典聖誕故事場景，如耶穌誕生、聖誕老人送禮物等，每個場景配上簡短文字介紹。在旁邊留出空白區域，製作可以活動的小部件，如可移動的小雪花、小精靈等，讓學生親手調整佈局，複述聖誕故事，增強互動性。

2. **聖誕心願聖誕樹**：繪製一棵巨大的聖誕樹，樹幹用棕色卡紙，樹枝用綠色卡紙剪出。在樹枝上留出空位，讓學生寫下自己的聖誕願望，貼在樹枝上。每個願望可搭配學生親手畫的小裝飾，如星星、糖果等，形成一棵滿載希望的聖誕樹。
3. **聖誕文化大百科**：劃分不同板塊，介紹世界各地的聖誕習俗，如芬蘭的聖誕桑拿、澳大利亞的海灘聖誕。配上對應國家的地圖、特色食物圖片，以及孩子們親手繪製的聖誕慶祝畫面，拓寬學生的文化視野。
4. **聖誕藝術長廊**：收集學生創作的聖誕主題繪畫、手工作品，如聖誕襪、馴鹿頭飾等，在壁報上進行展示。設置投票區，讓學生選出最具創意的作品，激發學生的創作熱情。
5. **聖誕遊戲挑戰牆**：設計聖誕主題遊戲，如聖誕單詞接龍、聖誕拼圖挑戰等。將遊戲規則和題目張貼在壁報上，準備小獎品，鼓勵學生課餘時間參與挑戰，為教室增添歡樂氛圍。

完

「很好的提議！有一些點子我從來沒有想過呢！今年聖誕節的教室佈置，相信能夠為學校帶來一些新元素了！」張老師興奮地叫了起來。

• 案例五：標語設計革命

另一次印象較深的，是另外兩間幼稚園的老師培訓，剛巧這兩間幼稚園都正準備慶祝校慶，老師們正在煩惱要為校慶設計一個標語，大家思考良久都未有一些滿意的標語選擇。於是我請老師使用文字型生成式 A.I.，給予一個簡單指令：{ 你是一名幼稚園老師，現在你要為學校的 30 周年校慶設計一個標語，標語需要含有愛、關懷等關鍵字，每組標語分別要有 2 句，每句標語的字數要相同，請為我提供 20 個標語給我選擇。｝一分鐘後，老師的螢幕上跳出 20 個標語：

以下由 A.I. 生成

1. 三十築夢有愛，朝夕關懷未來	2. 愛潤三旬歲月，關懷幼小心田
3. 三十載愛領航，每一天關懷長	4. 關懷三十不換，愛心始終如一
5. 三旬愛心鋪路，未來關懷築屋	6. 愛滿三旬學園，關懷點亮童年
7. 三旬守護有愛，歲歲關懷無盡	8. 愛灑三十春秋，關懷伴童成長
9. 三秩愛心未改，全程關懷永在	10. 愛盈三十時光，關懷塑造希望
11. 三十載愛作筆，每一天關懷題	12. 愛心三旬護航，關懷一路向陽
13. 愛傾三旬校園，關懷啟迪新篇	14. 三旬愛不停歇，關懷從不打折
15. 愛滿三旬旅程，關懷温暖童心	16. 三十載愛築夢，每一刻關懷濃
17. 三旬關懷同行，愛心照亮前程	18. 愛聚三旬歲月，關懷潤澤童年
19. 三旬愛心相伴，關懷點亮明天	20. 愛心三十如一，關懷始終相依

完

對於眼前的 20 組標語，老師們都驚嘆不已，過往他們設計 20 組標語，耗時長，而且不一定有靈感；如今用 A.I.，只需 1 分鐘便完成，若不滿意再設計，也只額外多 1 分鐘，真的節省時間及功夫！

3. 文書處理與行政效率：

- **案例六：讓 A.I. 成為你的「會議紀錄速記官」**

在一次學校行政人員的培訓中，一位主任向我展示了她手機裡長達三頁的會議備忘錄：「每次開會都要花兩小時整理紀錄，光是將『我哋考慮 keep 住用電子支付』這類型中英夾雜的口語轉成正式用語，就耗掉半小時」我請她將其中一部份的會議速記內容輸入文字型生成式 A.I.：

主題：暑期參觀活動：

日期：15/7(六)

地點：屯門環保園

集合時間：9.00 AM

集合地點：荃灣

參加人數：36 學生 +4 家長

共收 $：$2160

預計開支：旅遊巴：1800, 禮物：200

是次活動收費方式：由以前 cheque / cash 改成電子支付

成效：好，方便快捷，考慮 keep

輸入指令一分鐘後，她的螢幕跳出結構清晰的會議紀錄：

以下由 A.I. 生成

- **會議紀錄：** **日期**：15/7（六）
  地點：屯門環保園
- **會議參與者：** **主持人**：秘書
  出席人員：所有相關部門代表
- **會議內容：暑期參觀活動的討論**
  1. 決定活動日期為 15/7（六）
  2. 地點確定為屯門環保園
  3. 集合時間為上午 9 時
  4. 集合地點確定為荃灣
  5. 參加人數為 36 名學生及 4 名家長
  6. 收取的總金額為 $2160
- **預計開支：** 1. 旅遊巴費用預計為 $1800
  2. 禮物費用預計為 $200
- **收費方式調整：** 1. 將收費方式由以前的支票 / 現金改為電子支付

2. 電子支付方式被認為更方便快捷

3. 建議保留此方式並考慮持續使用

完

「這根本是魔法！」她驚嘆。過去需反覆修改的「口語轉書面語」、「中英夾雜」的困局，A.I. 只需一鍵解決，例如：「由以前 cheque /cash 改成電子支付」變成現在的「將收費方式由以前的支票 / 現金改為電子支付」、「考慮 keep」變成「建議保留此方式並考慮持續使用」等，真的節省了很多很多時間！

有資深的秘書曾經告訴過我，行政人員平均需花費 1.5 小時整理單次會議紀錄，其中 40% 時間耗費在：

1. 辨識口語化內容的正式表達
2. 歸納未明說的隱性任務
3. 統一不同部門的敘事邏輯

而透過 A.I.：

1. **即時轉譯**：粵語口語轉為專業書面語，同步修正語法錯誤。
2. **智能標註**：自動將「考慮 Keep」轉為「建議保留此方式並考慮持續使用」。
3. **跨版本輸出**：可一鍵生成會議摘要、行動清單、郵件通知等不同格式。

策略建議

平衡 A.I. 與教學人性化
讓科技為教育賦能，而非喧賓奪主

在培訓課堂上，我總會問教師們一個問題：「如果 A.I. 能生成完美教案，為什麼我們還需要老師？」答案始終一致：「因為教育，是『人』與『人』的對話。」

三大原則：讓 A.I. 成為助力，而非主導者

1. 嚴審內容，把關教學本質

○**案例**：一位老師使用 ChatGPT 生成「環境保護」教案時，發現 A.I. 將「節能減碳」簡化為「關燈省電」，忽略社會結構性因素。她手動加入「公平貿易」案例，引導學生思考全球責任。

○**行動守則**：A.I. 生成內容需經過「專家審核」── 由熟悉該學科的老師檢查，內容是否正確？是否符合課程核心目標？

2. 風格烙印，拒絕模板化教學

○**案例**：數學老師在 A.I. 生成的應用題中，刻意加入學生熟悉的校園場景（如「小食部零食分配」），讓題目充滿「班級專屬感」。

○**行動守則**：運用 A.I. 設計的時候，可以加入 20%「個性化教學」── 可能是獨家案例，或者是學生熟悉的元素設計。

3. 動態調整，以人為本

○**案例**：英文老師發現 A.I. 生成的閱讀測驗過於「美式思維」，遂追加指令：「加入香港在地文化元素」，產出「維多利亞港海豚保育」主題文章，引發學生共鳴。

○**行動守則**：每學期重新評估 A.I. 工具設定，如同調整教學計畫般「更新參數」。

關鍵心法：A.I. 是畫筆，教師才是畫家

在一次培訓中，我讓教師們用 A.I. 生成「中秋節教案」，再手動加入「家鄉月餅文化分享」環節。有位老師眼眶泛紅：「A.I. 給了我骨架，但填進去的肉 —— 那些孩子分享阿嬤手作月餅的故事 —— 才是教學的靈魂。」

技術永遠是配角，真正的核心始終是 —— 教師如何將科技轉化為有溫度的教學對話。

結語

在 AI 浪潮席捲全球的今天，我們正處於一個前所未有的科技革新時代。ChatGPT 的爆火，只是 AI 蓬勃發展的一個開端，如今它已深度融入各行各業，重塑著人們的工作和生活方式。本書《人工智能實戰指南：100 個必備 AI 工具全攻略》正是在這樣的背景下誕生，旨在為大家提供一份切實可行的 AI 應用指南。

回顧前言，我們強調了 AI 在效率革命中的重要性，而本書作為這場變革的導航圖，承載著更為深遠的使命。書中精心梳理了國內外主流 AI 平台，詳盡介紹超過 100 個涵蓋多個領域的 AI 工具，每個工具都配備基本簡介、功能特性説明，更有推薦指數和提示詞模板，力求幫助讀者快速上手，找到最適合自己的工具。

然而，AI 的世界遠不止書中所提及的這些工具。就像我在探索人工智能的漫漫征途中，發現僅靠研究各種平台是不夠的，於是我踏上了創建聊天機器人的道路。不知不覺間，我竟創建了超過百個不同類型的聊天機器人，它們的應用範圍極其廣泛。例如在辦公室場景中，有能自動整理文檔、快速生成會議摘要的機器人；在商業和營銷領域，有幫助分析市場趨勢、制定營銷策略的智能助手；對於正在規劃職涯的人，有提供專業職業規劃建議的機器人；教學和學習方面，也有輔助教師備課、幫助學生答疑解惑的工具。此外，還有涉及圖像、視頻處理，甚至是用於娛樂、家庭生活的機器人。

為了讓大家更便捷地找到和使用這些機器人，我開發了一個具搜尋功能的聊天機器人（https://poe.com/Bot_Searcher）。這款機器人就像是一個智能導航，它能根據用戶的興趣提供量身定制的推薦，也可以通過用戶輸入的關鍵詞，快速搜索到合適的人工智能機器人。比如，如果你是一名營銷人員，想尋找能生成創意營銷文案的機器人，只需在 Bot_Searcher 中輸入「營銷文案生成機器人」，它就能為你推薦最合適的選擇。

在 AI 技術飛速迭代的今天，每一次新的突破都可能帶來無限商機和生活的巨大改變。本書只是大家探索 AI 世界的起點。希望大家能通過本書掌握 AI 工具的使用技巧，借助本書的入門技巧後續可以發現更多有趣且實用的機器人，不斷挖掘 AI 的潛力。

未來，AI 的發展充滿無限可能。那些善於利用 AI 的人，將在未來的競爭中佔據先機。無論你是想提升工作效率、拓展商業視野，還是豐富生活娛樂，AI 都能成為你的得力助手。讓我們攜手走進 AI 時代，積極探索、勇於創新，共同迎接 AI 帶來的美好未來。相信在 AI 的助力下，我們每個人都能創造更加精彩的人生，開創更加輝煌的事業。

全書完

免責聲明

《人工智能實戰指南：100 個必備 AI 工具全攻略》（下稱「本書」）所載一切內容僅作參考及教育用途。本書作者及出版社（下稱「我們」）並不就本書內容之準確性、完整性、時效性或適用性作出任何明示或暗示之保證。我們概不承擔因使用或依賴本書內容而產生之任何損害賠償責任，當中包括但不限於直接、間接、附帶、特殊、懲罰性或衍生性損害，如利潤損失、商譽損失、數據損失、業務中斷或任何其他商業或個人損失。本書資訊源自互聯網公開材料，我們不保證所載資訊之時效性、準確性或完整性。因應人工智能技術之迅速發展，本書所載資訊或會隨時間更改或過時。用戶應自行核實所有資訊之現時適用性。本書所提及之所有第三方人工智能工具、平台及服務均為獨立營運實體。我們並非該等工具之開發者、擁有者或營運者，亦不對其功能、可用性、合法性或適用性作出任何陳述或保證。用戶須自行承擔使用該等工具之一切風險。

本書收錄之工具多數使用人工智能生成內容。儘管該等工具可產生理想結果，惟使用者評估其輸出內容時，務必保持謹慎態度並作出批判性思考。使用者必須確保遵守相關知識產權法例、數據保護法規及其他適用法律。我們不承擔任何因用戶違反法律法規而產生之責任。鑒於人工智能生成之內容未必在任何情況下均屬準確、可靠或適用，使用者不應在未經其他來源核實之情況下，完全依賴人工智能所生成之結果。本書所載之一切工具評分及相關建議均建基於作者個人之主觀判斷，僅供參考之用及不構成任何形式之明示或暗示之承諾、保證或陳述。評分制度採用以下準則作為評估基礎：(a) 技術複雜度：本書之主要目標為向一般大眾推介易用之人工智能工具，而非專業程式設計人士使用之工具。凡需要進階編程知識或專業技術能力之工具，基於本書之目標讀者群，或會獲得相對較低之評分；(b) 收費機制：儘管平台之基本收費並非評分之直接決定因素，惟下列情況可能對評分產生負面影響，包括但不限於要求使用者預先支付費用、採用強制性訂閱制度或免費用戶之功能嚴重受限等；(c) 使用便利性：基於可及性考慮，任何平台如具備以下特徵，不論其功能如何完善，均可能獲得較低評分，包括但不限於操作介面過度複雜、用戶體驗欠佳或一般使用者難以掌握等情況。本評分制度純屬資訊性質，在任何情況下均不應被解釋為對任何特定工具之推薦或認可、對任何工具之貶抑或否定、或就任何人工智能平台、工具或公司之商業價值所作之判斷。

使用本書即表示閣下確認及同意：已完整閱讀並理解本免責聲明；接受本免責聲明所載之所有條款及條件；自願承擔使用本書內容及相關工具之一切風險；放棄就本書內容對我們提出任何形式之索償。若本免責聲明之任何條款被具司法管轄權之法院裁定為無效或不可執行，其餘條款仍具完整效力。本免責聲明受香港特別行政區法律管轄，並按其解釋。任何因本免責聲明引起之爭議均受香港法院專屬管轄。本免責聲明構成完整協議，並取代所有先前之相關理解、陳述或協議。

人工智能實戰指南
100 個必備 AI 工具全攻略

作者資料

系　　列／ **人工智能／電腦科技**

作　　者／ **高峰**

出　　版／ **才藝館**（匯賢出版）

地址：新界葵涌大連排道144號金豐工業大廈2期14樓L室

電話：+852-2428 0910

網頁：https://www.wisdompub.com.hk

電郵：info@wisdompub.com.hk

書店發行／ **一代匯集**

地址：九龍旺角塘尾道64號龍駒企業大廈10樓B&D室

電話：852-2783 8102　　Fax：852-2396 0050

facebook：一代滙集

email: gcbookshop@biznetvigator.com

版　　次／ 2025年6月初版

定　　價／ HK$128.00　NTD630

圖書類別／ 1.人工智能 2.電腦科技

圖書書號／ ISBN 978-988-71075-9-0